LOCUS

LOCUS

LOCUS

LOCUS

from
vision

from 153

打台灣不如騙台灣
中國對台灣認知作戰的 Q&A

作者：沈伯洋、吳銘軒、台灣民主實驗室
採訪撰稿：游婉琪
編輯：林盈志
美術設計：簡廷昇
校對：呂佳真
出版者：大塊文化出版股份有限公司
台北市 105022 南京東路四段 25 號 11 樓
電子信箱：www.locuspublishing.com
讀者服務專線：0800-006689
電話：(02) 87123898　傳真：(02) 87123897
郵撥帳號：18955675　戶名：大塊文化出版股份有限公司
印務統籌：大製造股份有限公司
法律顧問：董安丹律師、顧慕堯律師

總經銷：大和書報圖書股份有限公司
地址：新北市新莊區五工五路 2 號
電話：(02) 89902588　傳真：(02) 22901658

初版一刷：2024 年 7 月
定價：新台幣 350 元
ISBN：978-626-7483-21-3

打台灣
不如騙台灣

中國對台灣認知作戰的 Q&A

沈伯洋、吳銘軒、台灣民主實驗室 著

游婉琪 採訪撰稿

目錄

第一部
認識認知作戰

第二部
打台灣不如騙台灣

第三部
認知作戰手法解析

第四部
中國大外宣的力量

第五部
如何防禦認知作戰、破解錯假資訊？

「認知作戰」就是真正的戰爭

王婉諭

(時代力量黨主席)

從「政治的認知作戰」到「認知作戰的政治」，首先你必須認識原汁原味的認知作戰是什麼。沈伯洋、吳銘軒與台灣民主實驗室合著的《打台灣不如騙台灣》，會是識別戰場、進入戰場、乃至於投入戰場不可或缺的小手冊。

首先，我想要告訴你，不論你認不認同「認知作戰」這個概念，不論你對於「認知」作戰的態度是什麼，這本書都是很好的參考資料。

2018 年，可以說是台灣「認知」到「認知作戰」的元年。因為那個男人、現任的立法院長韓國瑜，在蔡衍明的中天、中視、中時有意識的推波助瀾下，上演了台灣民主化三十年來最大的政治奇蹟。

韓國瑜當然是個充滿魅力的民粹政治奇才，又很好笑，具備了一種綜合「芋頭」跟「番薯」口味的獨特幽默感，讓許多年紀較長的選民，彷彿回到了蔣經國年代，聆聽偉大領導苦民所苦的美好時光。

　　韓國瑜的暴起，固然有其個人特質的貢獻，然而我們不能忘記的是，蔡衍明的三中在過程中，沒日沒夜以不成比例的篇幅，報導韓國瑜的各種真真假假、穿鑿附會，已經嚴重踰越新聞倫理的報導，所扮演的關鍵角色。

　　從這時候開始，境外勢力，特別是對台灣抱持強烈敵意的中國，試圖透過傳統媒體、網路上的新媒體對台灣所做的一切，開始受到重視。

　　然而，認知作戰的定義，從一開始就受到嚴重挑戰。在一個社群分眾日益發散、訊息流通越來越快的時代，「用我的魔法對付我」已是不同陣營試圖「抵消」對方陣營言論的反射性動作。

　　「認知作戰」、「大外宣」、「大內宣」等詞彙，從一開始就不斷被快速模仿、挪用，拿來形容國內不同政黨之間，彼此動用側翼、網軍、義勇軍的攻擊行為。

一個概念，一旦被過度使用在各種偏離原始情境的地方，它原始的意義就會逐漸削弱，而後失去了這個概念一開始被提出來，想要提醒大家的重要之處。

　　「認知作戰」就是這樣的一個概念。當國際學界與 NGO 越來越專注在中國對外的「影響力作戰」（Influence operation）或是認知作戰時，台灣對於認知作戰的警覺卻越來越低，這是一件非常值得警戒的事情。

　　《打台灣不如騙台灣》沒有迴避這些問題，而是老老實實的呈現國內外對於認知作戰的研究成果，直球對決來自中國的境外認知作戰，為什麼比起國內政黨之間的公關輿論戰更難捉摸、更難對付這個非常關鍵的問題。

　　所以，如果你對於中國對台灣的「政治認知作戰」感興趣，這本書可以提供非常重要的基礎資訊；如果你認為談認知作戰只是一種「認知作戰的政治」，是用來打壓政敵、敵視中國的政治手段，你更應該打開這本書，裡面對於「為什麼要談認知作戰」、「為什麼境外認知作戰值得特別關注」，有非常持平而詳實的介紹，應該能夠協助你重新思考問題。

　　其次，長期處在中國的文攻、武嚇、惠台、統戰攻勢當中，

台灣人從早期鄧小平講個話台股就會大崩跌，到現在環台利劍軍演飛彈試射，沒人當一回事，台灣人處變不驚，把威脅視為常態的心理，固然是一種生存策略，但也是一種麻木不仁的危險。

在每個歷史關卡，台灣總是用近乎奇蹟的方式，扭轉了自己的命運。

如果不是 2014 年的太陽花運動，徹底打垮了親中勢力在台灣的話語霸權，建立了九二共識等於下跪投降的恆等式，2016 年的選舉結果，不會是國民黨的慘敗與民進黨的完全執政，台灣也不會走向世界，而是被鎖入中國十年來的經濟衰退與民生凋敝。

縱然你對於蔡英文八年執政的內政有再多不滿，你也不得不承認，蔡政府領導台灣的這八年，順應、同時也把握了美中國際局勢的扭轉，堅定不移的遠離中國、向中國說不，站在以美國為首的民主同盟這一邊，對台灣的整體命運有著決定性的影響。

可是，就在股市上兩萬一千點，AI 元年在台灣爆發，台灣一片歌舞昇平的當下，中國侵略占領台灣的決心不曾改變，中國投注在軍事上，乃至於資訊戰、混合戰的人力與物力，卻沒有絲毫減少，而是持續增加。

然而，當市場嗅覺敏銳的台灣人，已經透過各種實際的行動「做空」、「看衰」中國的時候，我們卻不能藐視我們的敵人。就像敵國過去的領袖毛澤東所言，「戰略上可以藐視敵人，但戰術上要重視敵人」。

　　這句話其實提醒了我們。我們可以訕笑中國無效的統戰，可以笑看中國軍演的虛張聲勢，但是我們永遠不能在戰術上，在面對中國毫不間斷的交戰行為上，輕忽敵人對我們的一舉一動。

　　「認知作戰」，就是其中最被忽略的領域之一。

　　我們可以看到，台灣抵禦中國各式入侵的「防衛式民主」的相關討論與立法工程，不論是《反滲透法》的強化，代理人登記制度的建立，乃至於境外社群平台的問責，在 2019 年後，逐漸從行政部門與國會轉移到民間組織，甚至是跨國的 NGO。好像認知作戰已經變成了舶來品，反而是國際的 NGO 與夥伴，在提醒台灣不要忘記中國的認知作戰，不要忘記中國無孔不入的綿密戰線。

　　所以，這是我要推薦《打台灣不如騙台灣》這本書的第二個理由：台灣必須嚴肅面對中國認知作戰的議題，在本地建立普遍的理解與紮實的實證研究，這本書不浮誇、腳踏實地，能夠協助有志者打開探照燈，直接開圖，定義戰場。

最後，我想要談一談民間社會與小黨的角色，如何在中國威脅日常化、麻痺化的今日，繼續建構台灣的「防衛式民主」。

在我過去四年擔任立委期間，我主要待在教育文化、社福衛環兩個委員會，主導推動了幾個有關犯罪被害人、精神衛生的修法，一直到卸任立委後，才比較有時間，涉獵認知作戰、TikTok 等議題，也聯合了其他政黨，呼籲我們要有類似美國的「剝離法案」，來阻斷 TikTok 成為中國統戰台灣的工具。

然而在我有限的觀察內，我發現執政的民進黨政府，並沒有把強化「防衛式民主」當成主要議程，反而有些安於現狀，缺乏更積極主動的作為。相反的，還是受到中國相當影響的中國國民黨，日前已拋出要修寬國安五法、反滲透法的風向球，只是因為遭遇國會改革粗暴修法的逆風，偃旗息鼓，暫避風頭。

在這個時刻，民間社會與像時代力量這樣的小黨，其實有責任站在前面，重新拾起「防衛式民主」的未竟之業，告訴台灣社會，面對中國的日益進逼，我們也必須升級我們的意識警覺與防衛系統。

《打台灣不如騙台灣》，會是民間社會與小黨重新正視中國

威脅，督促行政立法機構重啟相關議程的起點之一。

歡迎關心台灣未來的朋友，與我們從閱讀這本書開始行動。

時代力量黨主席　王婉諭

在 8964 還沒平反的三十五週年的隔天

台灣面對認知作戰，
現在「補課」還來得及

王宏恩
（內華達大學拉斯維加斯分校政治系助理教授、菜市場政治學共同創辦人）

　　去年 2023 年，我在美國蘭德智庫的好朋友發表了重量級研究，他整理了過去 20 年中國解放軍的相關文獻，並且發現解放軍的相關論文研究以及出版品中，關於認知作戰的研究文章在 2012 年開始大幅攀升，而 2012 年是習近平正式掌權的同一年。同時在這幾年，我跟其他幾位台灣研究學者（當然也包括本書幾位作者），被美國國務院、歐盟、澳洲、日本、各國智庫邀請了好幾次，專題演講有關於中國對台認知作戰的狀況。臉書（Meta）、推特（現在是 X）、甚至微軟合作的 ChatGPT，也都在這幾年釋出大量的中國國家級網軍報告。中國對外的認知作戰，現在成為全世界民主國家都在努力了解與學習的題目。

　　台灣身為中國對外入侵的第一目標，如何面對中國的認知作戰，也成為台灣人不能被當掉的必修學分。2024 年 4 月 19 日，

新華網公布中國人民解放軍信息支援部隊成立的消息，並由中國國家主席習近平親自授旗，代表著解放軍網路戰、信息戰正式組織化與檯面化。而這本《打台灣不如騙台灣》，從我學術的角度以及近年來接觸美國華府的實務經驗，我可以很肯定地說，這就是當下台灣人要保衛台灣、維持現狀時，最需要看的一本書。

想要對抗認知作戰，為何要大家看書？我們不能交給政府、軍隊、或美國就好了嗎？這就跟認知作戰的特性有關。

第一，認知作戰是違反戰場倫理的，卻不得不全民一起面對。以前大家想像的戰場，是兩國各自派出軍人，衝到戰場前線打仗，軍人死光是輸家，而百姓就被贏家統治。但由於近代通訊科技快速發展，人們透過手機就可以輕易接收到全世界的資訊，以前古代要靠口語或小冊子傳播謠言，現在只要動動手（或者叫機器人動動手）就能輕易的把資訊傳過國境。在科技的輔助下，認知作戰的對象是目標國家的所有人——就算你退役、沒當過兵、年齡不到、反對戰爭，你都已經成為敵國使用軍隊來對你認知作戰的目標對象。本書中舉了很多例子，都是中國網軍特別針對無黨派以及泛藍群眾的認知作戰；認知作戰跟子彈一樣都不長眼睛的，大家都是受害者。

第二，認知作戰無法靠民主程序獨自解決。在民主國家中，

人民透過立法院來立法決定合法與非法的行為，並透過法院來裁決。但認知作戰是來自境外，台灣警察抓不到、台灣法院判了沒用、台灣立法院定義行為違法也沒用。尤其當入侵方是中國之類的威權國家時，情況變得更險峻，因為民主國家都以自由開放為榮，但威權國家可以直接隱藏資訊，敵暗我明，從起始點就不公平。大多數社群網站的公司都在美國，所以美國可以直接透過法律與國會聽證會來處理。但台灣假如堅持自由民主，選擇自由開放而非網路長城，就需要透過立法來要求這些社群軟體公司變得更透明化、開放更多資料來供使用者參考。但目前台灣沒有相關的法律，所以社群網站公司都不太理會，要訂立相關的法律，則需要台灣民意支持才可以，這也是本書後半段提供的各種立法與政策建議。

第三，認知作戰會傷害民主制度本身。千年以來的民主理論，是奠基在言論自由之上，但這前提是一個國家「境內」的言論自由，古代先賢很少考慮過會被另一國認知作戰。在民主制度的理論中，人民透過言論自由在國內的公共輿論中形成共識，然後用這個共識來要求政府照辦。但今天的認知作戰，是另一個國家跨國來干涉這個公共輿論，任意操縱讓某些議題取得極大的關注、另外某些議題在演算法或在地協力者的協助下消音，讓民主國家內的人們有限的注意力去花在原本不重要的事情上面。換言之，認知作戰破壞了讓原本民主制度中對言論自由市場的基本假設，

造成言論自由市場失靈。一些學者更直接評論說這種認知作戰是新形態的資訊殖民，透過境外資訊操弄來影響目標國家要想什麼、要決定什麼。這種現象是在資訊科技發達的今天才成為重大議題，千年前的民主先賢或百年前的民主國父們都沒有考慮過這些議題；這議題是我們這一代一邊享受先進科技與文明進步的同時，得面對這專屬於我們這一代的問題。

正因為認知作戰不道德、反民主、反法治的特性，大家才需要一起認真研讀這本《打台灣不如騙台灣》。假如台灣不想要跟中國或者北韓一樣直接把網路全面封鎖，那就如同面對肺炎疫情開放邊境一樣，重點在於每個人要做好防禦措施。第一，大家都要在心裡隨時提醒，戰爭是已經在開打了，如同疫情已經擴散了，而且全民都正在成為目標。第二，大家要記得隨時檢查任何看到的資訊來源，看看來源是否可信，如同大家出門都要戴口罩一樣，辛苦一點但可保健康。第三，大家要試著支持通過一些法律政策，要求社群網站公司面對台灣消費者也應該更透明化，如同在防疫期間要嚴抓走私跟其他不透明的管道。當一個社會上有夠多人具有這樣的資訊意識的時候，就如同一個國家有夠多的人打了疫苗，這樣才能真正的讓疫情擴散程度跟影響力程度降到最低，同時保有台灣當下足夠程度的民主自由。

但每個不同的病毒會有不同的擴散方式跟症狀，如同每個國

家遇到的認知作戰都會有所不同，畢竟認知作戰是舉一國之力對另一國的侵犯，所以都會特別設計與在地化。俄羅斯對烏克蘭的認知作戰方式，無法完全適用到中國對台的認知作戰方式。而這也是本書《打台灣不如騙台灣》最大的價值所在。在本書的許多章節中，都有詳細描述中國哪一個單位、透過哪一個管道、將哪一類的議題、傳播到台灣的哪些人身上、並且繼續擴散到台灣的其他地方。這樣清楚明白的解釋台灣案例，就可以協助每一個讀者知道其傳播路徑，而每一個台灣讀者就可以運用自身經驗，知道可以套用到平常生活的哪些地方，協助自己也協助周遭的人來阻斷可能的認知作戰傳播路徑，共同維護台灣的言論市場以及民主的現狀。

如同本書所提及，在中國解放軍的文獻中，認知作戰只是整體戰的一部分，目的是要創造出更好的輿論與環境條件，讓中國解放軍之後在打仗時可以更為順利、節省成本、甚至不費兵力就拿下台灣。但換過來說，假如台灣民眾都有了抗體、可以對抗認知作戰的話，意謂著中國解放軍想要入侵台灣的成本將會更高，因此使得真正開戰的機率降低，也會讓台灣更能夠維持現狀。而當台灣人能夠好好維持現狀、讓公共輿論空間完整的屬於台灣人時，台灣人才更有時間與心力去透過輿論空間好好討論其他重大的社會福利、環境、交通、預算等各種議題，去形塑台灣人之間的政治共識與政策。

時間正在倒數，但現在補課還來得及。要往洞口的亮光大步前進，就從這本書開始。

打台灣
不如
騙台灣

中國對台灣
認知作戰的

Q&A

前言

吳銘軒

（台灣民主實驗室執行長暨共同創辦人）

2024 年總統大選前後，台灣成為國際關注的焦點：「中國如何對台灣發動資訊認知作戰？」帶著這樣一個問題，全球各地的外交訪團、智庫學者和媒體紛至沓來。這些訪客預設，台灣必然擁有豐富的應對經驗。然而，台灣現在面臨的挑戰，遠比這些問題所反映的更為複雜。

台灣社會對認知作戰缺乏全面的認識

首先，台灣社會並沒有對認知作戰有全面的認識。極權國家的認知作戰不僅僅是資訊操作，更是作為戰爭戰略的一環。透過散播虛假資訊、製造社會分裂和混亂，他們試圖在社會中植入不信任和恐懼的種子，來增加戰爭成功的風險。例如，在 2022 年俄羅斯全面入侵烏克蘭之前，在全球宣稱烏克蘭計畫攻擊頓巴斯，並且散布烏克蘭被新納粹分子控制、軍隊在烏東使用化學武器等

虛假消息，試圖誤導國際社會，推遲對烏的軍事支援，並合理化俄羅斯的軍事行動。

《孫子兵法》中有一句話：「兵者，詭道也。」所有的戰爭都基於欺騙，這也正是中國認知作戰的核心策略之一。透過欺騙和誤導，對手會陷入混亂和分裂，降低對手集體防衛的能力與決心，而操控者則在暗中推動自己的目的。中國共產黨多年來運用的戰略核心，包括輿論戰、心理戰和法律戰「三戰」依然在持續演化和發展，也確確實實地投入了資源、任務編組和執行。

其次，台灣作為一個多元且言論自由的民主社會，對認知作戰存在巨大的分歧。一方面，有些人將國內政黨之間的攻防、散布假訊息都稱之為認知作戰，甚至將事實查核或政府澄清的新聞稿也視作認知作戰；另一方面，有些人則認為任何質疑執政黨或是傳遞中國正面訊息的都是認知作戰。這些不同的觀點導致對原本國與國之間的認知作戰，成為一個被輕視和嘲諷的概念，模糊了其作為一種戰爭工具的危險本質。

網路消去了國界，也讓境外勢力很容易產生影響

再者，當網路與社群媒體主導了我們的閱聽環境，資訊的接收與傳遞不再由我們自主決定，而是被破碎、過量且由科技公司

的推薦演算法所主導。當公共政策的討論都在線上發生，也消除了民主辯論的國家邊界，帶著惡意、政治目的、資本及來自境外的資訊操作，便可進一步加劇扭曲我們的世界觀與認知。同一片土地上的人，接收到的資訊截然不同，對同一事物的認知產生巨大差異，彷彿身處在不同的平行宇宙之中。

在這種平行現實裡，真實與虛假難辨，社會共識變得難以達成。特別是在選舉期間，來自境外勢力的資訊操作，結合過度分裂的國內政黨之爭，使得社會極化達到了新的高峰。認知作戰的目的在於製造多重現實，讓不同群體陷入各自的資訊泡泡中，無法對話，不信任與你身處在不同泡泡的人，甚至將他們視為敵人。

2016 年美國的「披薩門」事件是一個值得我們深思的案例。一則陰謀論在當時美國總統大選期間爆發，宣稱包括希拉蕊・柯林頓在內的美國民主黨高層人士涉嫌在華盛頓特區的披薩餐廳內進行兒童性虐待和人口販賣。一名男子因相信這個虛假消息，持槍闖入餐廳，想要拯救這些無辜的兒童。所幸他最後被逮捕了，沒有人傷亡。

在這個人的世界觀中，他當然不是壞人，他是願意挺身而出、勇敢的英雄，但實際上他是虛假資訊的受害者。當然，他需要因製造恐慌和混亂受到應有的懲罰，但這裡我們需要嚴肅思考的問

題是，單單把這一個人關進牢裡，對破除這些陰謀論有幫助嗎？我們要怎麼讓深信這些訊息的人重新連結、建立對話？

最後，商業角色、公關公司和廣告媒體也在這個過程中扮演了重要角色。他們在社群媒體上加劇社會極化，透過精準投放和輿論操作，大肆販賣虛假的影響力指標：假粉絲、假讚、假評論、大量的機器人網軍，這些商業行為就像早年的石化工廠，對我們的資訊環境大量排放汙染物質。他們賺錢卻不需要負擔任何責任，反而由政府與社會花費資源去重建媒體識讀教育、推動事實查核，承受其副作用與後果。

這些問題和思考，正是驅使我們想要透過這本書與讀者溝通的核心。

台灣民主實驗室的資安研究分析成果

台灣是一個民主社會，親中、反中都屬於「政治立場」，各政黨、派系都能自有主張，媒體享有高度新聞自由報導，如何在眾聲喧嘩的資訊生態系中，辨識出來自境外勢力——中國發動的資訊戰與認知作戰的伎倆和手法，對研究者和倡議組織是極為嚴峻的挑戰。

台灣民主實驗室（Doublethink Lab）成立於 2019 年，是立足於台灣、面向國際社會的非營利組織，關注網路數位時代，開放政府、公民社會與數位人權等相關議題，尤其是鎖定在中國認知作戰、中國影響力的議題。

台灣民主實驗室一開始的定位就不僅是「智庫」，而是透過資安研究分析、社會對話、全球研究等三項計畫工作，進行研究和政策倡議工作。

台灣民主實驗室的資安研究分析團隊，這五年以來，透過摸索、建立方法學，累積資料庫等方式，發布「中國資訊戰與認知作戰」的相關研究報告。

在研究中國資訊認知戰的國際研究與倡議組織當中，立足台灣的台灣民主實驗室極受全球矚目，熟諳中文世界語境和政治脈絡的優勢，讓民主實驗室比國際智庫更能掌握中文世界資訊生態的風吹草動，更為貼近掌握中國資訊戰的伎倆。台灣民主實驗室在國內外的重大事件，無役不與，持續發布中國資訊操弄的研究報告，包括，從 2019 年香港反送中事件、2020 年和 2024 年兩次總統大選、2020 年到 2023 年 COVID-19 疫情、2022 年烏俄戰爭、2022 年的九合一地方選舉。

台灣民主實驗室為了觀測選舉期間的中國資訊認知作戰，分別在 2022 年九合一地方選舉和 2024 年總統大選，這兩次選舉期間實際執行「境外影響選舉觀測平台 Foreign Interference Monitoring Hub」計畫（簡稱 MHub）。在此計畫中，民主實驗室舉辦夏日學校，招募熱心的學生和社會人士，透過密集的資安技術方法、假訊息偵辦等工作坊課程，培訓出選舉監測團隊，同時邀請事實查核組織工作者、選舉研究專家和學者加入，以整合民間資源與分析能量，共同投入境外影響選舉的資訊觀測，並公開相關分析報告。

　　這項 Mhub 計畫，不僅是讓民主實驗室能在選舉期間靈活且即時觀測資訊生態圈的動向，我們更期望透過培力協作的機制，帶動和培養更多夥伴共同理解和投入中國資訊認知作戰的研究。在兩次選舉的投開票日，民主實驗室社會對話組更與中央研究院學者合作，研究選民的政治態度和受假訊息、陰謀論等傳言影響的大調查，這項研究是期望能夠測量出台灣社會受中國資訊認知作戰操弄的影響程度。

　　台灣民主實驗室的資安研究分析師團隊更從 2022 年起致力於培力印太地區研究夥伴，把累積的研究技術和資料庫，透過舉辦實體或線上工作坊，建立研究中國影響力和認知作戰的印太研究網絡，研究夥伴來自印度、泰國、柬埔寨、馬來西亞、新加坡、

印尼、菲律賓、越南、澳洲等國家，研究夥伴涵蓋學者、媒體工作者、查核組織、公民團體等。

同時，台灣民主實驗室致力建立「中國影響力」的全球預警機制。因此，從 2021 年起，透過與橫跨全球五大洲的逾百位威權國家調查者、研究員合作，開始收集多國數據來衡量中國影響力，共同建立資料庫，發布當年度的「中國影響力指數」（China Index）。以 99 個關鍵指標評估中國在各國媒體、外交政策、學術、國內政治、經濟、科技、社會、軍事和執法等九個領域的影響力，並致力描繪出中國在各國的影響力作戰策略，以提供各國作為施政和決策參考。

民主實驗室主持的中國影響力指數計畫，期望能成為各國政治決策的重要依據。台灣民主實驗室前任理事長沈伯洋在 2023 年 3 月 23 日接受美國國會美中經濟與安全審查委員會（U.S.-China Economic and Security Review Commission, USCC）線上作證時，他就以中國影響力指數作為證據，並報告台灣對抗中國影響力的經驗。

「中國影響力指標」的建立過程，台灣民主實驗室選用的諮詢委員均為國際知名學者，包括華府的兩岸事務專家葛來儀（Bonnie Glaser）、加拿大智庫麥克唐納－勞里埃研究所

（Macdonald-Laurier Institute）高級研究員兼前加國駐中外交官查爾斯・伯頓（Charles Burton）、前加拿大安全情報局分析師寇謐將（J. Michael Cole），及時任外交部政務次長的李淳等。

台灣民主實驗室累積「中國影響力」指標的數據資料希望在橫跨多年比較後，可以檢視出中國影響力的模型，找出對抗中國影響力的最佳策略。同時，台灣民主實驗室也期望台灣能夠跟歐盟、美澳一樣建立更完整的制度，以法治和公開透明的做法來面對問題。

台灣民主實驗室在過去五年，一步一腳印，從發布研究報告、公告中國影響力指標、組織印太夥伴等各方面，都受到國際社會高度關注和重視，其「中國資訊認知作戰」的研究成果，也成為台灣對國際社會發聲的重要依據。

本書是台灣民主實驗室將過去五年努力的結晶，作為讀者理解中國認知作戰的起點，讓台灣社會有機會共同坐下來理性討論，思考如何看待和回應中國發起的認知作戰。書中第一部分和第二部分是「認知作戰」的科普知識，我們以問答方式提供資訊戰與認知作戰的基本知識；第三部分透過台灣民主實驗室對幾個重大事件的調查研究報告，分享中國如何操弄台灣當時的資訊生態，其手法與意圖。第四部分探討中國在重大國際事件中，如何透過

操弄資訊來影響和干預國際關係。最後部分提出防禦認知作戰和破解錯假訊息的策略、資源和方法。

如果你現在覺得「我沒有感覺到有什麼中國認知作戰」，或是感覺「認知作戰」就是特定政黨的政治伎倆，那麼問題可能比你想像的更加嚴重。因為中共採取的伎倆正是「打台灣不如騙台灣」，透過投放虛假訊息分化台灣社會。

台灣民主實驗室蓄積整整五年的能量，我深深期望透過這本書的整理，能讓全球和台灣社會各界有機會聚焦「認知作戰」，建構出防衛中國的策略，防禦中國對台灣民主的干擾。我們深信，只有打造台灣的資訊韌性，才能維護台灣民主社會的多樣性和自由人權，共同發展出深具民主韌性的台灣。

讓我們從這本書開始，一起深入探討中國的資訊作戰手法並思考在政治和日常生活中什麼才是最有效的對策，既能捍衛台灣的民主和未來，又能幫助我們的社會產生更多信任、理解與團結，共同抵禦這場沒有硝煙的戰爭。

第一部

認識認知作戰

認知作戰是一種國與國之間的軍事行動，利用爭議訊息作為攻擊的武器，混淆或破壞敵方的認知，造成或加劇社會對立。當被攻擊的一方出現認知錯亂時，輿論開始出現兩極化，立場迥異的雙方陣營，對彼此充斥著不滿情緒並且隨著受到攻擊的時間而不斷加劇，降低理性對話的可能性，進而達到攻擊方「破壞穩定」的目的。

什麼是認知作戰？

　　認知作戰（Cognitive warfare）是一種國與國之間的軍事行動，為資訊戰（Information operations）之一環或影響力作戰（Influence operations）的一種。過往，當我們在討論戰爭的時候，腦中浮現的畫面通常會是砲火、屠殺、性暴力等畫面。與一般傳統作戰方式最大的不同，認知作戰通常是在熱戰真正開打前，國與國間早已發動的無硝煙戰役。

　　西方傳統認為，認知戰是指「利用媒體、網路等資訊改變人們的意識、認知、作為或決策」；中國在網路電子戰中也有類似說法，像是「運用心理戰和戰略欺騙等手段，動搖軍心、民心和政府信念」。也可以參考輿論戰的定義「由國家、軍隊與社會機構採取一定之戰略戰術，透過控制、操縱、策劃利用各種輿論工具，對重大敏感、重大問題進行導向性宣傳和評論的輿論對抗活動，以凝聚己方民心、削弱敵方民心與軍隊士氣，進而瓦解敵國心防。」[1]

無論是哪一種說法，可以歸納出構成認知作戰的主要元素有二：一是利用爭議訊息作為攻擊的武器，二是混淆或破壞敵方的認知，造成或加劇社會對立。當被攻擊的一方出現認知錯亂時，輿論開始出現兩極化，立場迥異的雙方陣營，對彼此充斥著不滿情緒並且隨著受到攻擊的時間而不斷加劇，降低理性對話的可能性，進而達到攻擊方「破壞穩定（destabilisation）」的主要目的。

注意：散佈假消息的可能會跳過「攻擊鏈」的某些步驟。但這樣做可能會降低行動的有效性，也會讓他們想隱藏的身份和目的曝光。

資料來源：MITRE公司

　　這種類型的作戰方式，近年來受到許多國家重視。在國際地緣政治的戰略架構下，認知戰同時是一種影響力作戰。針對想要進攻的國家，透過認知作戰，攻擊者操縱目標群體對某件議題的理解與觀點，促使目標群體行動，進而達到政治上的目的，符合攻擊方的利益需求。

舉例來說，藉由不斷釋放執政黨貪腐的錯假資訊，導致選民們對特定政黨從支持轉為反對，進而轉變投票意向。近代知名的認知作戰案例，包含俄羅斯介入 2016 年美國總統大選，做出的一系列操作干預。在烏俄戰爭實際開打前，俄羅斯也早已透過各種方式，在鄰近國家散布對烏克蘭不利的錯假訊息，透過認知作戰強化自己出兵烏克蘭的正當性，降低來自鄰近國家、歐盟或聯合國的阻力。

　　認知作戰普遍也被視為混合戰（Hybrid warfare）的一環。現代戰爭早已多數採取混合戰方式進行，內容包含外交作戰、軍事作戰、經濟作戰、貿易作戰、金融作戰與資訊作戰。其中，資訊作戰又包含網路間諜活動、竊取技術、攻擊基礎設施、數位極權輸出及認知領域攻擊等。

　　在中國的敘事語境底下，認知作戰則比較接近中國對台「三戰」中的輿論戰。

　　中國政府在 2003 年 12 月新修訂《中國人民解放軍政治工作條例》，首次將法律戰、心理戰、輿論戰列為「戰時政治工作」重點。在這「三戰」裡頭——
　　法律戰：是指中國在國際條約或規則上，做出各種對台灣不利的舉動，或是地方政府與中國簽訂的農業契作條約，造成經濟

上的依賴，又或者擴張既定事實，來造成特定法律界線等等。

　　心理戰：則是鎖定政府人員如國軍喊話，動搖他們的信心。

　　至於輿論戰：就是我們所說的認知作戰，針對一般民眾釋放惡意錯假訊息，試圖「帶風向」，塑造出對中國有利的特定輿論。

　　這些特定輿論的內容可能是：台灣的空氣汙染很糟糕、台灣的治安很差黑道橫行、民進黨是史上最貪污的政府、美國不可信等等。這類訊息可能是錯假資訊，也可以是刻意移花接木，把不同時空背景發生的事情當成此時此刻發生，或是真假參半難以分辨的訊息。

　　值得注意的是，訊息本身的真偽，並非認知作戰的重點，事實上，中國對台灣進行的認知作戰，大部分都跟「真假」無關，而是透過特定的敘事，編造出一種視角，讓訊息的接收者也跟著相信。舉例來說，「美國掏空台積電，新製程被搬去美國」，就是一種中國刻意帶輿論風向的敘事。實際上儘管美國設廠的是三、四奈米先進製程，但工廠預計三年後才會正式啟動生產線，到時候已經不是最新的製程，就產量來說，台灣也仍會保持 88%。

　　與其只把焦點放在辯論訊息是否為真，我們更需要留意的是，一旦風向被成功帶起來後，人們不再能夠理性思考與對話討論，進而造成社會的分裂、對重大公共議題的冷漠。當實體戰爭發生

時，攻擊方可以大幅降低熱戰所需耗費的成本，甚至有可能不需要耗費一兵一卒一毛錢，就可以讓對方很快地自動舉白旗投降。

1　引用自刊於法務部調查局期刊的專文：孟繁宇，〈中共「輿論戰」之析論〉（網址：https://reurl.cc/gGlVdp）。

很多人都在帶風向，
為什麼我需要特別認識認知作戰？

「帶風向」這樣的行為當然不會只有發生在認知作戰，事實上，早在人類社會開始形成時，就已經開始有人在帶風向。最直覺而普遍的場景可能是，有人透過在街頭巷尾議論，散布著真假參半的訊息，試圖營造出攻擊他人、有利於自己的言論，這就是一種帶風向。

從商業經營角度來看，許多公司行號在販售產品時，也會針對目標客群分眾投放廣告訊息、聘雇網紅藝人擔任代言人、透過社群平台等管道「帶風向」，營造出某項產品很好用、很受名人歡迎，消費者趨之若鶩急著搶購等現象。

因此，了解認知作戰首要考量，絕對不是只有看對方如何帶風向、帶出來的風向是否貼近真實，我們更需要思考的是，帶風向這件行為本身，背後的目的為何。

舉例來說，一家化妝品公司透過各種行銷策略帶風向，最主要的目的就是賺錢，讓它的產品可以寫下漂亮的銷售數字，替公司帶來可觀的營收。在這樣的情況下，化妝品公司勢必就會有損益上的考量，不太可能會為了要賺取 80 萬元的利潤，砸了 100 萬元預算去帶風向。

　　而在政治範疇底下，個別政黨一定也都會有所謂帶風向的行為，試圖透過政治宣傳手法，替候選人營造出清新、有實力、願意為民喉舌的好形象，贏得選民的支持。或是透過負面宣傳，攻擊敵方陣營提出來的政見華而不實、曾經有貪腐、涉及桃色糾紛等黑歷史，讓選民相信敵方陣營不值得信任等。

　　既然從商業公司到政治黨派都在帶風向，試圖操弄大眾對於他們的認知，那這樣的行為與認知作戰又有何差別？

　　認知作戰雖然本質上也是一種在帶風向的行為，但關鍵差異在於，當一個國家想要攻打另一個國家並且取得勝利，為的是政治目的而非商業利益，絕大多數時候不會特別考量預算上限。即便有，認知作戰因為是由國家作為發動者，一個政府為了贏得戰爭，所願意且有能力投注的資金，通常也會和一般商業公司或是國內政黨相差十萬八千里。

由瑞典哥德堡大學政治系主持的多元民主計畫（Varities of Democracy, V-Dem）計畫，自 2000 年起，針對全球 179 個國家進行「數位社會調查」。其中，台灣在「遭受外國政府假訊息攻擊」的指標，連續多年位居第一，顯示受到境外假訊息攻擊的嚴重程度最高。

　　台灣作為一個民主國家，因為有代議制度，在制度的理想設計上，選民可以透過投票、罷免等機制，把惡意亂帶風向的政治人物換下來。或是透過公民監督力量，影響政策推動的方向。

　　然而，認知戰是一種國與國之間的戰爭，我們無法透過同樣的機制去監督另一個國家，因為這屬於「他國事務」。更何況認知戰的發動國，極有可能是不受到民主制度約束的極權國家，即便從國際制裁的角度，依舊難以直接透過民主制度予以監督或檢視。

　　當一個國家的國家安全沒有面臨威脅時，民眾對於認知作戰自然不必特別在意。反過來說，當一個國家的國家安全長年面臨敵方威脅時，我們就不得不正視敵方早已發動的認知作戰，並透過敵我意識的強化，降低社會與民主體制可能受到的影響。

　　要認識認知作戰，我們可以從以下幾個面向來思考：

● 爭議訊息的來源在哪？

● 爭議訊息如何傳遞與擴散？

● 爭議訊息的內容是什麼？

● 散布爭議訊息的背後目的有哪些？

● 誰才是被爭議訊息影響的受害者？

在缺乏這些思考角度的情況下，我們一不小心就很容易把與自己立場不同的訊息視作爭議訊息，把轉傳和自己立場不同訊息的人貼上「網軍」標籤，無法聚焦解決認知作戰帶來的危害。

常見的認知作戰方式有哪些？

認知作戰攻擊的手法可以區分成許多類型，由台灣民主實驗室所提出的「三 I 模型」[2]，將認知作戰的攻擊動機區分成：資訊流（Direct Information Manipulation，直接訊息操弄）、金流（Indirect Investment，間接投資）和人流（Ideology-Driven，意識形態驅動）三大類。

資訊流（Direct Information Manipulation，直接訊息操弄）

直接訊息操弄具有一個共同特點，也就是攻擊者皆非台灣人（同時也不限於中國人），可依據規模和強度分成以下三類：

● **高層級訊息操弄**
常透過中宣部、解放軍等配合政協等執行，確定攻台主旋律。

- ● **中層級訊息操弄**

  源自中國控制的內容農場和影片頻道。其中包括陰謀論、有偏見的報導等。中層級訊息操弄較難被揭穿,在無形中使閱聽眾接受某些意識形態,也是三者間對台灣危害最大的訊息操弄。

- ● **低層級訊息操弄**

  透過共青團、小粉紅或鍵盤戰士等,傳播惡意爭議訊息。

金流(Indirect Investment,間接投資)

　　中國國家安全部或統戰部等單位,可透過直接捐贈或贊助那些製造並傳播爭議訊息的組織團體,換取「一條龍服務」。這些投資形態通常很隱祕、不易察覺。在台灣,我們觀察到有以下三種案例的間接投資:

- ● **投資他國行銷或公關公司**

  這類投資較為直接。由於網路行銷、政治公關等產業在台灣以及其他東南亞國家蓬勃發展,中國投資此類公司比自己製造爭議訊息更為便利。借助關係良好的宗教團體、黑幫和商人提供的資金,這些公司可直接接受命令,製造爭議訊息宣傳計畫。

● **投資產業製造經濟壓力**

中國政府有時會向各產業提供經濟利益，平常並不要求他們散布爭議訊息，但在關鍵時刻再要求其傳播特定訊息。例如，遊戲、演藝事業和直播平台通常有大量中國投資，直播主時常在必要時，被要求散布爭議訊息。

● **捐款誘使公民加入賺錢網絡**

中國政府試圖建立一個爭議訊息傳的市場。例如在建立內容農場或 YouTube 頻道後，尋求臉書粉絲專頁或私人社團協助傳播文章，再以外幣支付他們。或是透過捐款方式，讓直播者認為散布爭議訊息有利可圖，進而加入散布爭議訊息的行列。

人流（Ideology-Driven，意識形態驅動）

最後一種方式則是將親中人士武器化。中國可以簡單地透過統戰網絡以及聊天群組建立「意識形態市場」，吸引特定意識形態的志願者，以有機的方式傳播爭議訊息，使其自願散布親中反民主的訊息，甚至進一步宣揚仇恨，推動兩岸統一。

除了分析背後的驅動力（資訊流、金流、人流）之外，台灣民主實驗室也提出了四種中國政府常見的認知作戰樣態與模式，

分別是外宣模式、粉紅模式、內容農場模式，以及協力模式，以下將逐一介紹這四種模式的做法與特色。

● 外宣模式

　　以中央政府或黨中央為資訊操作的中心，透過其他政府機關、官方媒體包含電視台、報紙、廣播等進行宣傳，投入大量的資源散布不實訊息。

● 粉紅模式

　　粉紅模式採取較去「中心化」且組織鬆散的方式進行，由網路上的愛國人士與網軍發起，在中文的社群平台與微信等聊天軟體上散布大量低階的不實訊息而非外宣新聞，營造網路虛假聲量。比起政治宣傳模式，粉紅模式所投注的資金較少。

● 內容農場模式

　　許多社交平台帳號因為受商業利益如中國公關公司驅使，先在海內外的內容農場或影音平台張貼訊息，再大量轉發到各類社群平台與 LINE 等聊天軟體上，試圖操弄演算法，讓社群平台演算法以為訊息本身品質良好，擁有高關注度。為了使這些訊息更容易散播，內容上經常會結合日常生活時事相關的主題。

　　需要注意的是，因臉書與其他平台對於來自內容農場網址的

資訊戰模式

1 外宣模式

- ★ 由中央政府主導
- ★ 透過電視、報紙、廣播媒體傳播
- ★ 集中於擁有龐大財力的組織間

資訊戰模式

2 粉紅模式

- ★ 由地方政府主導
- ★ 在中文通訊軟體和社交媒體上傳播
- ★ 集中於財力較小的組織間

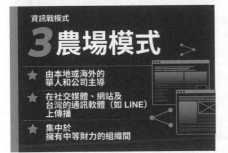

資訊戰模式

3 農場模式

- ★ 由本地或海外的華人和公司主導
- ★ 在社交媒體、網站及台灣的通訊軟體（如 LINE）上傳播
- ★ 集中於擁有中等財力的組織間

資訊戰模式

4 協力模式

- ★ 內容在中國製作，於台灣傳播
- ★ 集中於對台灣的統一戰線工作中
- ★ 透過網站和台灣的通訊軟體（如 LINE）傳播

模式	外宣模式	粉紅模式	農場模式	協力模式
製造、指示	中國官方	中國地方	中國或境外	相互合作，製造者與散布者同步
代理	兩岸掮客	無	無	
散布	傳統媒體	自行散布	個別營利者演算法	
受眾	一般	特定	特定	特定
基礎建設	電視、報紙、廣播	微博、微信公眾、直播平台、YT、FB	網站、YT、FB、直播平台、LINE	網站、LINE、耳語
資本相關	大對大，相對集中	小對小，未脫鉤	中對中，複合模式	里長、學生等，以統戰為主

貼文開始有所限制,導致內容農場模式近年來反而變得比較少,取而代之的做法是,透過語音軟體將文字內容轉換成影片,避開平台審查[3]。

● 協力模式

透過台灣公關公司或台灣的網紅,製作樣板式的宣傳,透過分眾影響不同群體。本模式並沒有明確的行動者,而是製造及散播假訊息的人員分流,並造成資金來源在中國,但製造及散播假訊息的人在台灣的現象。這類型的假訊息很容易被誤以為是台灣民意的一環,在民主輿論環境中,難以直接透過法律來限制。

分析上述四種常見的模式,我們或許可以回過頭思考:台灣社會大眾能否接受公眾人物收取中國資金,透過公開頻道發表親中言論?我們可以創造什麼樣的機制來阻止認知作戰發生?

當閱聽眾對於廠商下廣告預算,讓網紅在 YouTube、Instagram 或 Facebook 等社群平台上,以「業配[4]」方式推薦商品感覺排斥甚至受騙時,我們不妨想想,假如今天業配的內容從一項最新的美容保養品,變成了針對特定選舉或是政治議題的意見遊說,這類認知作戰行為,是否需要公開揭露?抑或透過境外代理人登記法等方式來管制?

2019 年，《金融時報》（*Financial Times*）曾報導，在初選民調中，國民黨候選人韓國瑜領先的那一天，中視和中天兩家電視台均大篇幅報導。《中國時報》和中天電視的記者在接受《金融時報》採訪時表示：「他們每天都打電話」，編輯直接從中國國台辦接受指令來處理台灣議題[5]。

旺旺中時媒體集團高密度的報導韓國瑜新聞，被認為是催生「韓流」的重要推手。因報導比例引發疑慮，主管機關 NCC 撤銷中天電視執照，讓中天因此轉朝網路新聞發展。從這起事件中，我們可以思考的是：當台灣一家本土媒體每天所報導的新聞內容，可以由中國官方下指導棋決定，台灣人能不能夠接受？

以現況來說，目前我們並沒有任何法律規定，民營媒體可以跟國外政府有契約往來。檢調單位也沒有完備的法源依據，去調查網紅或影星們有無接受中國的資金，並因此散播攻擊台灣政府、友善中國政府的言論。

尤其當越來越多的「代理人」或許和中國沒有直接的金錢往來，但卻受到中國市場影響，如在中國有許多生意的台商，即使沒有直接向中國政府收取金錢，卻能夠在中國擴展事業版圖時，在取得土地或是水電稅務等方面比較順利。這類型非直接以金流為主的利益輸送，會讓檢調在追查時更加困難。

2 認知作戰有哪些方式？（https://fight-dis.info/tw/Taiwan-Experience-and-Dilemma.html）

3 更詳盡資料可參考：沈伯洋，〈中國認知領域作戰模型初探：以 2020 臺灣選舉為例〉，原發表於《遠景基金會季刊》第二十二卷 第 一 期（2021 年 1 月 ）（https://www.pf.org.tw/wSite/public/Attachment/003/f1646210580296.pdf）。

4 業務配合（Advertorial）的簡稱，意指內容產製者在收取好處的情況下，配合廠商行銷策略，產出相對應的內容，達到替產品宣傳或曝光的目的，屬於一種置入性行銷手法。

5 「德國之聲」中文版報導〈國台辦斥英媒假新聞 陸委會籲檢調偵辦〉（https://www.dw.com/zh-hant/ 國台辦斥英媒假新聞 - 陸委會籲檢調偵辦 /a-49621238）。

什麼是協同性造假行為？

　　協同性造假行為（coordinated inauthentic behavior, CIB）又稱為「協同性影響行動」（coordinated influence operations），根據加拿大選舉誠信倡議組織解釋[6]，協同性造假行為是指為了達到特定策略目標，協調多個帳號共同操縱公共討論，且假帳號為其核心運作方式。這些行為可能涉及散播不實訊息、煽動仇恨言論，或干擾選舉等。CIB 透過隱匿真實身分，企圖誤導大眾對其來源和意圖的認知。

　　事實上，協同性造假行為並不單單存在於臉書上，社群平台下架這群帳號，主因在於行為本身的欺騙性，不是因為他們所發布的內容。在某些時候，假帳號發布的內容可能為真實，或者並未違反社群平台的守則。

　　協同性造假行為的關鍵在於「協同」，通常會由一批假帳號或是粉絲專頁，在短時間內大量地轉貼，或者在貼文底下留言，讓社群平台演算法誤以為其所張貼的內容受到真實用戶的歡迎，

進而擴散該內容的觸擊，讓更多人接收到協同性造假行為想要傳遞的訊息。

　　中正大學傳播學系教授胡元輝指出[7]，協同性造假行為與一般假訊息傳播的差異，在於它的系統性與計畫性，不太容易被完整察覺。舉例來說，Facebook 反送中事件裡出現的協同性造假行為，被刪除的帳號中有許多從 2009 年就已經存在，長期潛伏直到反送中事件發生後才浮出水面，甚至不少帳號的粉絲數或追蹤者數量完全相同。

　　協同性造假行為之所以發生，背後的目的可能是受到意識形態的驅使，也可能是因為商業考量。通常在選舉期間，這類行為大量地出現在各個社群平台上，企圖影響選舉結果、製造選民的仇恨與對立。

6　Facebook 加拿大選舉誠信倡議組織網站，處理協同性造假行為（https://facebookcanadianelectionintegrityinitiative.com/tackling-coordinated-inauthentic-behaviour.html）。

7　胡元輝，〈境外資訊操弄是民主政治的敵人〉（https://tfc-taiwan.org.tw/articles/767）。

認知作戰為什麼會成功？
哪些人容易受到影響？

尼古拉斯‧迪方佐博士（Dr. Nicholas DiFonzo）在其著作《茶水間的八卦效應：透視謠言背後的心理學》（*The Watercooler Effect: A Psychologist Explores the Extraordinary Power of Rumors*）中談到，謠言幫助人們了解世界、減少因為面對不確定性而產生的焦慮感。根據迪方佐博士的看法，人們更容易相信與自己信念相符的謠言，或是已聽過許多次的謠言。

舉例來說，在辦公室茶水間，人們悄悄地說著誰因為和主管有辦公室戀情，很快地即將高升的八卦。或是在學校走廊，同儕間流傳著誰因為爸爸捐款給校方，換取代表學校參賽機會的耳語。假如這類事件能引發你強烈的道德情緒或正義感、或是你剛好對當事人沒有好感、又或是這些訊息重複來自各種不同管道，你就更加容易選擇相信這些流言。

實際上，惡意不實訊息與謠言的性質非常相似。惡意不實訊

息是指在內容上不正確，並且會激化偏見、偏誤和情緒的訊息。為了使自己感到安心，人們也更容易散播有關外部群體的負面謠言。而惡意編造的不實訊息，旨在造成傷害或引起混亂，再加上可透過網路和社群媒體迅速傳播，導致其已變得比謠言更加惡毒。

由於絕大多數人內心都是善良且充滿正義感，因此認知作戰利用的是人類嫉惡如仇的心理，當不公不義的事情發生時，人心善良的一面導致情緒被激發，認為某些人都是壞人、某些行為都是在欺騙。從邪教到陰謀論，都是利用類似的人性弱點。

另外一個認知作戰會成功的原因，則是利用在資訊超載的年代裡頭，多數人終日忙著工作，沒有足夠的時間或心力去好好理解一個複雜的議題。在這種時候，如果有人可以將資訊整理成懶人包或迷因圖，用輕鬆的方式讓人接收訊息，相較於長篇大論，人們傾向接受並相信這樣的呈現內容。簡單來說，隨著現代人注意力越來越稀缺，認知作戰的溫床慢慢形成，想要成功地帶風向，也變得越來越容易。

認知作戰策略主要是要影響那些「沒有特定立場的人」，台灣民主實驗室觀察也發現，宣稱「立場中立」的人，比擁有強烈立場的人，更容易受到資訊操作影響。因為對於立場原本就與攻擊方相同者，根本不需要透過認知作戰來改變其想法；反過來說，

立場完全不同且堅定的人，因為很難被改變，不太需要花費太多。當然，不代表立場堅定的人不會被攻擊，因為通常如果要造成兩種意見的極化，立場堅定的人也有可能被大量的攻擊與分化。

在台灣，容易受到認知作戰影響的族群，與性別或教育程度沒有顯著關聯，反而是原本對於公共議題冷感的族群，容易成為主要的攻擊目標。這類型的群眾因長期地厭惡藍綠兩黨惡鬥，多年下來形成了政治冷漠，沒有想要花太多心力去關注相關議題，直到非典型政治人物出現時，他們容易從對方身上看見一絲新希望。根據台灣選舉與民主化調查（TEDS），這群中間選民在台灣社會約占3成到3成3，最容易成為認知作戰的目標攻擊對象。

認知作戰
可能會對我的生活帶來哪些危害？

　　身處於後真相（Post-truth）時代，我們對於彼此漸漸失去了信任感。一個人說的事情是否為真不再重要，重要的是聽者是否願意選擇相信。換句話說，後真相的真相不是由證據來證明，而是由聽者的價值與信仰來決定。

　　認知作戰讓越來越多人對於政府制度失去信任，這些訊息表面上看似是來自台灣媒體，但實質內容可能絕大部分是應和中國的統戰論述。長期且大量接受單一訊息來源的情況下，人們就有可能漸漸改變了對中國、對民主制度，以及對政治新聞事實基礎判斷的認知。

　　舉例來說，台灣一些早期社運圈學者、政治人物，打從 2022 年以來對中國態度出現轉向，甚至開始打著「和平反戰」的口號，反對台灣當局兩岸政策，導致台灣對外立場分歧。在民主社會底下，民眾的立場分歧很正常，但假如特定群眾的立場改變都出現

在某個關鍵時間點，又符合中國政府、官媒的主旋律，那就很有可能是認知作戰影響的結果。

接收訊息管道單一，加上社群媒體興起、演算法推波助瀾，使得「同溫層效應（Echo Chamber Effect）」越來越強烈。接收者越來越容易相信「只有他看到的資訊是真實」，對於立場不同的資訊，很快地貼上錯假訊息標籤。

民眾一旦沒有隨時隨地有意識地去辨別所接收到的資訊，在同溫層效應底下，就更容易三人成虎，無意中被操控對於事實的認知而毫無自覺。一旦這樣的現象成立後，社會上不同立場的人越來越難以產生理性對話與思辨，政治兩極化（Political polarization）嚴重危害著民主多元的價值。

**我在網路上分享或討論
我覺得很重要的訊息,
希望可以讓更多人認同和我一樣的論點,
這樣也算加入認知作戰嗎?**

　　當然不算,一般人在網路上轉貼文章或是參與討論,針對我們所關心的公共議題做事實的釐清、觀點的交換或是價值的辯論等,在民主國家裡頭是再正常不過的行為,絕對不能算是加入認知作戰。

　　認知作戰通常是以「消滅另一個國家實體」作為主要目的,過程中會使用大量的謊言與煽動性的敘事手法,混淆人們對於事情的看法,進而對於民主國家制度的信念產生動搖。

　　身處於言論自由國家,我們在日常生活中當然也會想要跟周遭親友「帶風向」,希望他們能夠認同我們的想法或觀點。但是這類型的帶風向,與認知作戰無論在程度上與目的上都有著顯著的差距。

舉例來說，我們在網路上分享訊息或發表個人觀點，目的很可能是要讓更多人支持同性婚姻合法化，也可能是要讓更多人喜歡和自己一樣的偶像明星，絕對不像認知作戰是以軍事戰爭作為出發點，目的是為了殲滅對方。

　　要記住，在台灣這個長年面臨來自中國軍事威脅的國家，中國政府是以軍事的規格在發起認知作戰，最終要達到侵略跟併吞的目的。和一般人在日常生活中的帶風向，就像是「拿橡皮筋槍比 AK47」的差別。

　　因此，我們千萬不要輕易地替日常生活中「帶風向」的行為貼上認知作戰的錯誤標籤，因為大多數時候，民眾在網路上發表自由言論，絕對不是以要消滅一個國家作為前提。

我只是普通人，
我怎麼會是中國蒐集個資、
進行認知作戰的目標？

　　雖然你可能只是一般人，但是身為民主國家的公民，每個人手中都握有寶貴的一票，每個人都是民意的一環。在言論自由國家，憲法保障每個人的言論自由，你可以發表你的言論，也可以去影響別人。民主辯論是民主國家得以不斷變得更好的重要基礎。

　　在台灣，我們透過選舉投票、辯論激盪民意、法律攻防等，一次又一次地在這片民主的土地上凝聚出共識，創造出屬於我們的台灣價值。而認知作戰的對手最重要的目的就是要欺騙你，透過各種方式帶風向，營造出錯假的民意。在這樣的情況下，只要有一個人被騙，對敵方而言就是一次的勝利。

　　當越來越多人懷疑台灣沒有能力對抗中國、越來越多人相信美國只會賣破爛武器給台灣、越來越多人不認為我們需要上戰場保家衛國，當這類的想法形成了主流，就會反映在投票行為或者

民意上，讓我們的政府無法通過國防真正需要的法律、我們選出來的立委會杯葛重要的軍購預算。甚至到了中國真正進攻時，多數人心中的信念可能是：反正無論如何我們也打不贏，那不如就直接投降，這就是中國對台灣發起認知作戰，最想要達成的終極目的。

根據陸委會民調[8]顯示，將近九成的台灣民眾不接受一國兩制，也不想要被統一。既然如此，我們更應該要冷靜下來想想，對於我們的敵人而言，什麼樣的情境對他們最有利？最好台灣跟美國的關係破裂、最好全世界的國家都不承認台灣，我們要設法去避免這類型的情境發生。

反過來看，對中國政府而言，最糟的情況會是什麼？很有可能是台灣的盟友變多，因為如此一來，中國要出兵攻打台灣，需要付出的代價就會更大。

在台灣，每次當民調問及戰爭來了的時候要不要上戰場？結果通常約有兩成到兩成五的人選擇投降，五成的民眾選擇上戰場，剩下的人沒意見。認知作戰假若可以把民眾對於上戰場的想法洗到變成五五波，越沒有特定立場者，在這個時候就越容易變成了國家生存的關鍵。

要讓投降中國變得有吸引力，中國政府在認知作戰上就會釋出一些諸如中國經濟有多強盛、美國政府有多糟糕等訊息。久而久之，不願抵抗中國者，甚至還會回過頭來攻擊想要抵抗者，認為這群人很糟糕，就是他們害我們必須要面對戰爭的威脅。

　　也因此，如果你是對於戰爭沒有特定立場或平常沒有特別關注者，在台灣面對認知作戰威脅時，更加扮演舉足輕重的角色。你在網路上的足跡、偏好等個人資訊，都很有可能被敵方系統性的蒐集，再投其所好，餵養你感興趣的資訊，漸漸地改變你對於中國或是戰爭的想法。

8　2019 年 10 月 24 日陸委會公布例行民調新聞稿〈臺灣主流民意拒絕中共「一國兩制」的比率持續上升，更反對中共對我軍事外交打壓〉（https://www.mac.gov.tw/News_Content.aspx?n=B383123AEADAEE52&sms=2B7F1AE4AC63A181&s=530F158C22CC9D7C）。

第二部

打台灣不如騙台灣

中國對台灣進行認知作戰，目的是為了降低未來侵台成本，讓台灣距離美國與整個國際社會越來越遙遠，讓統一台灣這件事情變得越來越簡單。台灣身為海島國家，先天地理環境條件形成了天然的屏障，讓台灣成為「防備方的天堂」，敵軍要登陸作戰非常困難。因此，中國自然會考慮用武力以外的方式，達到「統一台灣」的政治目的。在這樣的情況下，「打台灣不如騙台灣」確實成為了另一種比軍事武器更值得投注資源的選項。透過認知作戰洗腦台灣民眾，讓台灣人民接受「兩岸一家親」的意識形態，進而選出親中領導者，逐步與中國政府簽訂各類和平協議、軍事協議，有效降低中國政府侵台成本。

為什麼中國要對台灣發起認知作戰？目的是什麼？

由中國政府所發起的認知作戰，主要對象與目的可分為以下三類：

一、說服台灣人認同中國政權

中國對台灣進行認知作戰，是解放軍對台戰略中很重要的一環，作為中國對台三戰中「心理戰」的延伸。目的是為了降低未來侵台成本，讓台灣距離美國與整個國際社會越來越遙遠，讓統一台灣這件事情變得越來越簡單。

只要中國可以成功地讓台灣人相信中國很美好、美國很糟糕，未來中國只需要花費一點點軍事成本，台灣人很快就會投降。對中國政府來說，越多台灣人被騙，誤以為台獨消失兩岸就會和平，誤以為中國政府是可以坐下來好好談判的對象，中國就越有機會攻打台灣。

長期來看，中國對台灣進行認知作戰的主要目標，不僅是增加公民對政府與民主制度的不信任，更試圖加劇不同陣營支持者之間的衝突對立，從而衝擊台灣社會的民主韌性。

　　對中國政府而言，更終極的目標是，中國身為世界大國，總有一天勢必得和美國爭奪世界霸主的地位。而台灣，無論在地緣位置、經濟與政治等方面，都在其中扮演著舉足輕重的關鍵角色。在這樣的背景之下，一旦中國可以拿下台灣，在西太平洋地區可以掌握比較好的戰略地位。然而，台灣身為海島國家，先天地理環境條件形成了天然的屏障，讓台灣成為「防備方的天堂」，敵軍要登陸作戰非常困難。

　　回顧歷史上的知名戰役，即使是在第二次世界大戰時，台灣是日本的殖民地，美軍曾經一度想要擬定登島入侵台灣戰略，多方評估後，認為貿然登島難度太高、損失過大。當美軍都沒有辦法有自信地在降低大量損傷的情況下入侵台灣，中國自然會考慮用武力以外的方式，達到「統一台灣」的政治目的。

　　自從 21 世紀以來，戰爭的形態開始出現混合戰。跟傳統直接宣布開戰行動有很大的不同，攻擊方透過許多灰色地帶挑釁，讓我方不確定對方的意圖，進而不敢貿然回應。以中國為例，透過擴大軍演、限縮台灣農產品貿易、要求台灣邦交國斷交等，都是

藉由各種手法搭配，進而達到干擾台灣輿論，製造恐懼的目的。

在這樣的情況下，「打台灣不如騙台灣」確實成為了另一種比軍事武器更值得投注資源的選項。透過認知作戰洗腦台灣民眾，讓台灣人民接受「兩岸一家親」的意識形態，進而選出親中領導者，逐步與中國政府簽訂各類和平協議、軍事協議，有效降低中國政府侵台成本。

二、內部維穩需求

近年來中國經濟衰退，貧富差距日益擴大，讓中國政府更需要安定民心，避免內部出現動亂，影響集權統治。透過不斷宣傳中華民族是一個偉大的民族、台灣是中國不可切割的領土，轉移中國人民對內政的不滿，相信在中國共產黨的統治底下，統一台灣是遲早能夠達成的目標，中國將成為比現在更加富強的國家。

三、控制海外中國人思想

在中國境內，中國政府得以藉由網路資訊管制，讓中國人民必須透過翻牆才有辦法接收到更多元的資訊。對於海外華人而言，中國政府生怕他們把自由民主的意識形態帶回中國，進而影響生活在中國境內的親友。

於是，透過收買海外中文媒體，以網紅灌輸特定的意識形態等認知作戰手段，試圖讓海外華人即使生活在民主國家，在牆內牆外接收到資訊沒有太大差別，腦中依然充斥著小粉紅愛國思想。

舉例來說，在馬來西亞有許多內容農場平台，或是海外知名的微信公眾號，貼文內容經常強調中國的世界影響力，而這類平台的主要閱聽眾，通常都是海外華人、旅外中國人等中文使用者。

除了以上三類以外，中國認知作戰也希望能夠影響外國人，傳遞台灣負面形象，因為唯有讓台灣在國際上樹敵越多，中國就越能夠孤立台灣，減少當戰爭發生時其他國家出兵協助台灣的機會。舉例來說，若是能夠讓越來越多美國人認為美國政府不該編列預算協防台灣，中國就越有機會在戰爭中取得勝利。

中國的灰色地帶作戰是什麼？
與認知作戰的關聯是什麼？

　　雖然我們普遍會把認知作戰當作一種作戰方式，但同時要提醒大家的是，認知作戰不過是眾多作戰方式的其中一種。所以如果我們只是不斷地聚焦在認知領域的侵害，有時候是不夠完整的。從更大的架構來看中國對外進攻方式，有一個很常使用的名詞，叫作「灰色地帶作戰」。

　　灰色地帶作戰到底是什麼意思呢？簡單來講，在真正的軍事進攻之前，攻擊方使用的各式各樣試探性的侵擾，都可以被稱為灰色地帶作戰。而認知領域作戰，其實就是灰色地帶作戰中非常重要的一種。

　　灰色地帶作戰手段粗略可分成四種：
　　第一種是透過政治與法律來施壓。
　　第二種是直接的軍事騷擾，例如中國的戰鬥機不斷地跨越海峽中線，或船隻經常在台灣的限制或禁止水域出沒。

第三種則是經濟制裁，像是禁止台灣的農產品出口。

最後一種則是資訊戰，這就包含本書講的認知作戰。

這四種灰色地帶作戰方式在彼此交織、環環相扣之下，就會不斷地對於中國想要侵略的國家帶來許多壓力。

以中國對菲律賓的灰色地帶作戰為例。中國與菲律賓在菲律賓外海和領空有許多衝突，例如漁船走私、違法抽砂等。這些情況在台灣的離島金門也時不時發生。表面上看起來是民間漁船的作為，實際上這就是中國發起的一種軍事行動，透過漁船來對想要攻擊的國家進行侵擾。

當中國在做這類舉動時，可以想像菲律賓的民眾一定會有反應，認為中國怎麼可以這樣？當兩國的衝突因此劍拔弩張，不會是中國所樂見的情況。試著假想看看，如果我們是中國政府，除了單純用漁船偽裝，該如何降低菲律賓內部的民怨？辦法就是讓大家不要太在意這件事。

所以，中國在菲律賓外海的灰色地帶侵擾，就必須要搭配其他事情的操作，在菲律賓內部帶起一些輿論。譬如中國可能設定某個發生在菲律賓國內的議題，轉移媒體和民眾的注意力，可能是某個大明星要來開演唱會，或是某位政府官員貪腐。又或者中

國也會釋放一些假消息，例如因為菲律賓政府先做了一些挑釁行為，所以中國做了反制措施。兩者相互搭配下，中國在菲律賓外海的軍事侵擾才有可能成功。

即使菲律賓國內因為已經被認知作戰了，但在國際上還是有可能出現指責中國在南海軍事侵擾的聲浪，這對中國而言也會是一個需要花成本應付的事情。於是中國也可能運用法律戰的方式，說太平島是屬於中華人民共和國的，至於太平島的範圍可以拉到多廣多大，中國也可以使用法律框架來定義。甚至用類似九二共識的方式提出幽靈協議，說菲律賓有人已經跟中國談好了。經濟方面，中國也可以對菲律賓做出一些限制，四種作戰方式交織在一起，中國就很有機會成功達成逼迫邊界的作戰目的。

要體會到認知作戰的重要性，必須要全盤地去看中國做了什麼事情，發起認知作戰是為了跟哪一個軍事行動或經濟交換或外交行動來搭配。認知作戰如果只是大批的小粉紅翻牆出來留言嘲笑台灣人，沒有搭配其他軍事行動，就不屬於灰色作戰的一環。換句話說，如果只是單純的小粉紅留言，我們沒有必要隨之起舞，放大其影響力，耗費台灣社會太多成本去回擊。

透過灰色地帶作戰，中國不必直接發射飛彈打台灣，也還沒有封鎖台灣，就已經有非常多的手段可以不斷地去破壞海峽中線

的定義，或建立危險的經濟依賴。我們要記住的是，當中國在做這些事情的時候，一定需要與認知作戰互相搭配，才有辦法成功。

11

中國認知作戰對台威脅有多大？
最壞情況是什麼？

　　研究認知作戰困難處之一，在於如何去測量認知作戰的發生與影響，我們很難去追查哪些訊息是直接或間接來自於對手認知作戰的一環，更難去確認選民的投票行為是或不是受到認知作戰的影響而改變。甚至很多人主張認知作戰不會帶來影響，會相信的人本來就會相信。

　　但我們可以確信的是，中國認知作戰對台灣的威脅是不斷累積的，就像是溫水煮青蛙般，從每一次的選舉結果中，可以看到受影響的人數不斷擴散。

　　以 2016 年選舉來看，民進黨拿下國會的多數，席次大約是國民黨的快兩倍。與 2020 年的立委選舉相較，雖然當選的席次數量有變，但兩次選舉兩個政黨的立委總得票數差距都大概是 80 萬左右。這 80 萬票大約占所有投票數的 6%，如果中國在每次選舉能夠透過認知作戰影響 3% 民眾，到某個時間點，最壞的情況很有

可能會是：我們選出了親中的領導者，與中國簽訂和平協議，讓中國可以不費一兵一卒就拿下台灣。

分析台灣目前的選民結構，其中約有 30% 的中間選民，在投票行為上並未支持特定政黨。中國對台的認知作戰只要綁架大量的中間選民，不需要讓他們發自內心的認同中國，只需要他們對於民主制度產生懷疑、對西方強國感到排斥，就很有可能讓他們在面對中國武力威脅時，產生了「和平統一才是正確道路」這樣的想法。

數年來，多起民調均顯示，在台灣，想要投降的人口比例約占 20%；不願投降的則大約有 50%。如果中國能夠影響剩下 30%「沒意見」的人往「投降」的方向走，當戰與降的民意成為五五波，就是中國攻擊的最佳時間點。

中國對台進行認知作戰的攻擊強度，主要與兩個因素有關：中國的國內政治局勢緊張與否，以及代理人的努力程度。這兩個因素也影響了調查的困難度。

首先，中國的國際關係和政治局勢在過去幾年發生了極大變化，中共透過政治宣傳與媒體控制，煽動中國內部的民族主義，這讓愛國主義的小粉紅行為，以及國家資助的資訊作戰間變得越

加難以區分。

　　第二，代理人積極參與了中國的資訊作戰。即使其中一些攻擊是由中國發起，但仍有許多代理人放大了這些攻擊。這些代理人扮演聯繫台灣當地製造者或散布者與中共的中間人角色，使得資訊攻擊的發動者與實際製造或散布者產生了脫鉤的狀況。

　　我們認為，認知作戰是一場跟時間賽跑的戰爭。到目前為止，中國對台灣認知作戰成果顯然滿成功的。近年來，中國開始接觸新的族群，尤其是即將握有選票的年輕人。當中國持續透過抖音、小紅書等社群媒體來影響台灣的年輕人，降低他們對於中國的防備心。

　　在這樣的情況下，未來的每一次選舉，都會有更多的年輕族群選擇把手上寶貴的一票，投給親中的候選人，並且認為與其放任藍綠兩黨惡鬥，親中候選人才能帶給台灣未來年輕人更多希望。當然，這些人在表面上未必親中，但只要在關鍵的時候轉換成親中的角色，那麼信任他的人民自然會被影響。

12

中國早年如何對台灣進行認知作戰？

中國在台灣帶風向最早從 1949 年開始，靠的是地方上的統戰，由在地協力者散播謠言。這類型的統戰從 1949 年至今從來都沒有停止過。甚至我們可以說，跟近年來興起透過網路的認知作戰相比，中國更擅長在地面上放假消息。

地面型的統戰通常會從議員助理開始接觸，進而影響地方選舉結果。隨著越來越多縣市地方首長變成接近中國的顏色、資深議員開始投入立委選舉，中國政府又能進一步影響國會席次，讓本土陣營在國會難以過半，最終目的則是影響總統大選。從地方包圍中央，也是長久以來共產黨典型的做法。

2000 年起，中國政府開始認為，要有效地影響台灣輿論，除了地方上的統戰以外，同時必須要把握傳統媒體作為重要傳播途徑。於是，中國政府開始大量投資台灣媒體，並在 2008 年的旺旺集團併購三中（中時、中天、中視）事件來到高峰。

緊接著，在馬英九執政時期，中國對台灣統一有高度信心，接連推動 ECFA（Economic Cooperation Framework Agreement，兩岸經濟合作架構協議）、兩岸服貿協議等。萬萬沒想到，2014 年爆發太陽花運動，中國政府這時候才赫然發覺：台灣的年輕人早就沒在透過傳統媒體接收訊息。

　　於是，從 2014 年開始，中國認知作戰開始把重點轉到網路，透過 PTT、內容農場、Facebook 粉專等作為平台。後來，因為來自中國內容農場的貼文容易被臉書下架，中國轉而透過 AI 技術來朗讀文章，搭配圖卡變成影片上傳到 YouTube 後，再把連結分享到臉書。

　　由於 Google 也發現中國大量透過 YouTube 平台來散播親中情感是個嚴重的問題，開始移除與中國影響力有關的 YouTube 頻道。根據 Google 威脅分析報告（Threat Analysis Group Bulletin），Google 在 2022 年共移除了 53,177 個頻道，2023 年更進一步移除了 64,920。2024 年光 1 月到 3 月，也已下架了 9,744 個頻道。

　　隨著操作輿論的難度越來越高，2023 年開始，中國有兩個做法：第一是回頭去使用網路論壇跟傳統媒體，但平常還是需要大量的帳號跟頻道來炒作陰謀論，而最好的平台就是中國自己的主場：TikTok。

第二個則是讓既有的 YouTuber 散播對中國有利的言論。透過影音平台的捐款機制，中國資金大量的「抖內（donate）」罵美國、稱讚中國的頻道。根據 YouTube 的統計，言論偏紅的觀看數與抖內金額，是本土陣營的數倍之多。

13

中國近期常見
對台灣的認知作戰手法有哪些？

　　中國政府對於台灣的認識作戰手法通常分成兩階段，第一階段先鋪陳各式各樣的陰謀論，例如台灣在外交上大撒幣，花了太多不值得投入的金錢。在這個階段，中國會大量製作這方面的影片，標題通常會帶有聳動字眼，例如：「台灣外交不為人知的祕密」等。有些人看了之後，就會開始產生一些討論，並且在社群裡頭分享。

　　第一階段陰謀論大約會先鋪陳個半年到一年左右，等到風向帶得差不多了，就會進入第二階段放假消息。例如「我國助巴拉圭建獨棟豪宅，自己卻淪為貧民乞丐」，宣稱蔡英文政府「五年花 23 億在巴拉圭建 6,544 戶獨棟別墅，大撒幣讓巴拉圭人民爽住別墅豪宅」。一般人如果過去沒有接收到第一階段陰謀論的訊息，看了頂多笑笑不以為意，但如果在第一階段已經被金錢外交陰謀論給影響的族群，看到這類文章就很容易心中警鈴大作，覺得「果然政府就是亂花錢」。

在第一階段，中國會使用大量的假帳號散播陰謀論，第二個階段需要的參與者反而少，通常只要駭客入侵一個帳號打帶跑，在網路發布一篇敘事符合陰謀論的文章，緊接著跟中國友好的記者寫成新聞報導，搭配下午政論節目播出，前後可能只要動員五名人力，就可以快速炒熱話題。

二階段的認知作戰想要成功，前面第零階段的個資蒐集便扮演重要關鍵。中國政府知道，如果陰謀論鋪陳範圍太廣，反而容易被識破，集中在特定族群裡頭帶風向，才能夠有技巧性的達到目的。舉例而言，蔡英文生活不檢點或賴清德有私生子這類的假訊息，以全台灣有約 2,300 萬人口來說，中國不會廣泛地讓所有人都接收，而是鎖定約 50 到 100 萬容易受到這類主題影響情緒的族群。

於是，在第零階段，中國早已透過蒐集個資和分類統整，了解台灣網路使用者樣貌。例如哪些人喜歡算命、哪些人喜歡可愛動物新聞，資訊蒐集完整後，才能夠決定對哪些人主打哪些主題，他們會比較容易有反應。

過去相關研究認為中國的資訊操作，經常是由政府率先發動，然而近期操作手法顯示，當中包含層層的傳播網絡，不同的行動者也會因為其動機、擁有的工具和能力，而展現出不同的攻擊模式。

14

在台灣選舉期間，
中國如何進行認知作戰？

　　近年來台灣不論地方層級或是全國性的總統立委選舉，都時常觀察到針對選舉議題的資訊操作痕跡。這些資訊操作的目的，往往不僅止於試圖影響台灣選舉的結果，更在一定程度上激化了台灣社會內部的對立，形塑社會不同群體之間的不互信感，進而帶給受聽者資訊超載與政治冷感，對台灣民主制度與社會對話產生排斥與不信任。

　　在 2020 年台灣總統大選期間，我們觀察到許多來自中國或透過台灣在地代理人所散布的不實訊息。除了政治動機，有些製造或散布的行動者，也會因為經濟動機而以「去中心化」的方式進行協同操作。

　　中國共產黨擁有為數眾多的資訊作戰單位如解放軍、統戰部、國安部等，甚至會將任務外包給私營企業如公關公司，形成層層的傳播網絡。由於其資訊戰分工並不精確，因此造成了中國資訊

作戰分散、不連貫的攻擊模式。這樣的攻擊模式也是中國和俄羅斯在認知作戰上最大的差異。

觀察 2024 年總統大選期間，在 2023 年 12 月之前，中國延續 2022 年以來的策略，目的是放大和強化台灣既有的社會衝突。藉由揀選台灣已經存在的議題，進一步擴大這個議題的爭議之處，造成台灣社會對立。

根據台灣民主實驗室觀測報告[9]，2024 年總統大選認知作戰的主要操作手法是藉由中國官媒和商業媒體，以及中國平台有影響力的帳號，使用台灣媒體、政治人物，以及台灣政治評論粉專，將台灣內部已存在的故事和敘事再次擴散。例如「民進黨圖利特定廠商」、「民進黨欺騙民眾，食品標示不實」、「民進黨將台灣帶向戰場」、「賴清德的老家違建又逃漏稅」，以及「桃色文化成為民進黨主流文化」等涉及民生、國防和政治人物爭議事件。

這些敘事試圖貶低被中國視為敵人的民進黨，並將其與民進黨的負面敘事加以連結，包括民進黨腐敗墮落、道德淪喪、治理無能，並且無視台灣民眾安全，肆意操弄政治，達到圖利政黨的目的。

雖然中國並非事件的製造者，但透過挑選特定敘事，放大對

執政黨的負面訊息和疑美論。同時，層級較低的中國平台帳號、境外匿名帳號，以及台灣的親中政治人物和媒體，呼應中國挑選的主軸，再重複敘事，影響台灣民眾的認知。

除此之外，為了增加敘事的擴散程度，攻擊者也透過協同不實帳號，使用與主題相關的 hashtag，將內容大量分享至各大社團，或是發布在個人頁面，塑造符合以上敘事的風向。

隨著選舉投票日接近，中國轉而採取更為積極的方式操弄資訊，包含對台進行貿易壁壘調查並中止 ECFA 部分項目、稱民進黨製造謠言來指控中國對五月天施壓，以及散播賴清德有私生子和蔡英文祕史等涉及經濟、文化和民進黨政治人物的謠言。

其中在經濟方面，由中國商務部和國台辦定調為民進黨政府單方面破壞兩岸關係，從微博熱搜上發動熱門話題，進一步由中國平台帳號和台灣媒體大量發布「民進黨從 ECFA 獲得好處，還怪罪大陸」的內容，並由匿名粉專將輿論導向賴清德當選中國將中止 ECFA，造成民眾的經濟恐慌。

文化方面，國台辦的回應定調了台灣親中人士對此事件的表述，並以跨平台發布影片和下廣告的方式，透過兩岸藝人合唱宣傳兩岸一家親的對台統戰敘事。

在 2024 年選舉中，中國最積極發動的線上操作事件包括賴清德私生子和蔡英文祕史。雖然這一波操作純屬網路假帳號的傳播，並未有實質傳播，但這一波謠言的操作手法仍值得關注。它是運用陰謀論的敘事主題，以透過生成式 AI 產製內容，再用假帳號來推播。這類的認知作戰試圖強化民進黨候選人道德缺陷的敘事，並聲稱如果民進黨當選，台灣的經濟狀況將會更加惡化。

根據台灣民主實驗室的報告，在 2024 年總統大選觀測到，中共深諳資訊操弄應隱身幕後，因台灣社會已對境外假訊息有識讀意識，資訊操弄若被揭露是中國所為，反而易造成台灣選民反感。因此，在 2024 年總統大選中，中國更懂得善用不同的操弄手法，隱身幕後，提高研究者進行追蹤的難度。

9　台灣民主實驗室，〈2024 台灣選舉：境外資訊影響觀測報告初步分析〉（https://reurl.cc/5vDaE6）。

在台灣沒有選舉的時候，
中國也會發動認知作戰嗎？

　　根據我們的研究，中國認知作戰並不僅限於選舉期間，而是時時刻刻都在宣傳中國的治理模式和價值觀，如「中國的模式比西方民主更好」。然而，不同於過去的觀點，中國網軍不僅僅只是稱讚中國模式的「啦啦隊」，也是具備侵略性的。他們善於編造陰謀論，並透過嚴厲批評某些意識形態，加劇社會分裂。

　　在非選舉期間，我們歸納出一些中國認知作戰上經常使用的主題，包含：

● 治安

　高雄浮屍、桃園大麻、民進黨跟黑道掛鉤。

● 能源

　缺電、核電。

● 外交

　金錢外交、民主虛偽。組合技：將納稅人的錢拿去邦交國撒，反觀國內這麼多弱勢族群需要幫助。

● 國安

　　砸太多錢跟美國買落伍的武器、國軍訓練不良、美國是
背後主謀造成亞洲動盪。

● 政治

　　執政黨貪汙、政治人物私生活不檢點。

● 經濟

　　台積電護國神山要被搬走，失去台灣價值。

16

中國政府如何透過境外粉專來進行認知作戰？

　　在台灣民主實驗室的研究中，包含 2021 年疫苗陰謀論、2022 年假訊息詆毀裴洛西（Nancy Pelosi），以及詆毀李明哲等爭議訊息，皆有由管理員來自柬埔寨的粉專大量參與分享、擴散的操作案例。

　　而在 2024 年選舉觀察過程中追查到一群主要來自柬埔寨、內容針對台灣選舉，並於 Facebook 上進行資訊操作的假帳號集團。該集團從 2023 年 10 月底開始活動，環繞台灣選舉相關的議題，產製更為極端的造假資訊，並分享至泛藍與反民進黨的相關社團，試圖衝高討論流量。

　　根據粉絲專頁透明度的公開資訊調查，這些粉專的管理者位置主要位於柬埔寨，其次為中國與馬來西亞。散布內容不時夾雜使用簡體字，涉及的議題主要包括：民進黨黑金政治、性醜聞、兩岸政策無能、執政不力與揮金如土、賴清德老家違建等。

該集團並未創造新的議題，而是利用台灣社會已經存在的議題與敘事，透過挹注資源來加劇社會對立。藉由將爭議資訊廣泛傳遞至各大社團，試圖引導台灣社會對這些事件的輿論走向及選舉結果。

在 2024 年選舉期間，該集團也出現新的操作手法，包含採用 Deepfake 深偽技術製作假影片、相關粉專發一致內容但錯開時間避免協同性的偵測、經營個人帳號及 YouTube 頻道、增加複製貼上分享的訊息範本、使用簡體字但會增加台語歌曲和台灣用語等在地化內容，以及一改過往貼文僅有高分享數但零互動，現在這批柬埔寨協同集團會開始為其貼文增加讚數與留言等。

自 2023 年 10 月中粉專開始頻繁運作，截至 2023 年 12 月 21 日止，台灣民主實驗室觀察到 11 個主要的粉專、130 個假帳號，經由 267 次的粉專貼文及 1,337 次的假帳號分享，散布至 153 個 Facebook 社團當中，有部分帳號顯示出與公關公司操作有關的痕跡。

柬埔寨協同集團在距離台灣 2024 年大選三個月內才開始活動，符合「協同性造假行為」的特徵，由一群企圖隱藏真實身分與意圖的帳號或粉專，透過協同運作所進行的資訊操弄行動。從其製作的內容、發文頻率等可見該集團具備一定的資源規模，因

此我們認定此為境外影響選舉的資訊操作事件，且最有可能來自
與中國官方協同的單位。

我們分析境外粉專對台認知作戰的的敘事內容、操作手法、
相關角色與目標受眾，如下：

● 敘事內容

這批柬埔寨協同集團所散布的內容，主要包括陰謀論、
假資訊以及各類爭議訊息。他們會環繞在台灣大選重要
的爭議議題上，製造更為聳動、攻擊民進黨的素材。除
此之外，他們也會製造原創的不實訊息，例如一段聲稱
「網傳賴清德有三名情婦」的影片，已被獨立事實查核
組織 MyGoPen 指出該資訊不僅缺乏實質的證據支持，
並使用了 Deepfake 深偽技術來製作。

他們還改編自茄子蛋的〈浪子回頭〉，製作了一支名為
「票賣亂投」的音樂影片。這支以台語演唱的歌曲批評
民進黨涉及性醜聞、將台灣引向戰爭，以及掏空台灣資
源，呼籲聽眾不要投票支持民進黨。音樂影片中的許多
素材都以簡體中文為主要語言。

在這一系列的資訊操作活動中，主要攻擊對象為賴清

柬埔寨協同集團張貼關於黑金政治的貼文。

柬埔寨協同集團張貼關於執政不力與揮金如土的貼文。

德、民進黨；論述本身則經常涉及疑美論，並與中國官媒的敘事一致，議題包括民進黨黑金政治、性醜聞、兩岸政策無能、執政不力、揮金如土，以及賴清德老家違建等[10]。

該集團觸及的議題，相關敘事最終所形成的主要敘事為：

(1) 民進黨執政下的各項政策實際上都是為了謀取金錢利益，並將這些利益流向裙帶關係；

(2) 民進黨在兩岸政策方面表現得無能、盲目地依賴美國，而美國對台灣的支持並非真心；

(3) 執政不力，即便有些政績，也是透過瘋狂花費納稅人的錢而達成的；

(4) 民進黨政治人物在公共事務和私人生活中都缺乏道德操守。

根據散布的目標社團，我們認為這種操作目的是在增加相關泛藍群眾對美國與民進黨的反感和不滿。

● **資訊操作網絡**

這個柬埔寨協同集團包含以下幾個角色：

(1) 內容製造者，

(2) 內容張貼者，

（3）內容放大者，

（4）目標受眾。

其組成主要是境外行動者及假帳號，但主要涉及的內容都是針對台灣的政治議題與選舉。

內容製造者負責製造爭議資訊、假資訊及陰謀論，文字與圖片內容具備可推斷為來自境外的特徵。這些內容會由特定粉絲專頁張貼，該集團的粉絲專頁管理者全部都顯示來自台灣以外的國家，並以柬埔寨為主。

之後，該訊息會經由具備假帳號的特徵的內容放大者，同步分享至各大泛藍社團當中，並試圖影響目標受眾。在這些分享擴散行為中，也可觀察到自動化腳本運作的痕跡。整個操作網絡符合「協同性造假行為」的定義。

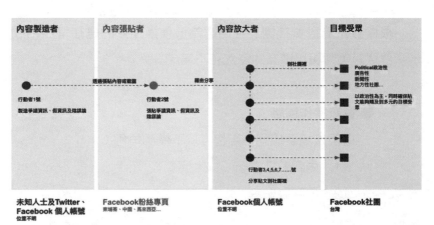

針對 2024 年選舉觀察到的資訊操作網絡圖例。

● 協同性與造假手法分析

（1）內容製造者

柬埔寨協同集團所製造的內容包含影片、圖片和文字訊息，除了直接透過相關粉絲專頁張貼，另一種常見的手法是先發布在 Twitter（X）、Facebook 假帳號或 YouTube 頻道上，再進行截圖來產生內容材料，最後貼到協同集團下的粉專。這種操作手法有幾種可能的原因，包括截圖不包含原始的連結，可以增加溯源的難度；臉書演算法對圖文內容加成推廣，比起分享連結在粉專上，圖文的擴散效果比較好；以及透過截圖的形式，可以偽裝成台灣普通公民的意見，增加其內容的可信度。儘管內容議題與用語多半與台灣相符，內容文字及影音素材仍經常出現使用簡體字的情形。

在這次調查的柬埔寨協同集團中，負責產製這些虛假內容的共有 5 個主要的 Facebook 假帳號、8 個 Twitter（X）假帳號，以及 1 個 YouTube 頻道。觀察帳號創立時間、活動記錄及大頭貼圖片，這些帳號也具有相同時間產生的協同特徵，例如這些 Facebook 假帳號大多在 2023 年 10 月 31 日更改大頭貼照片、Twitter（X）帳號創立時間則皆為 2023 年 9 月，以及這些帳號主要照片大多取自網路資源。截至 2023 年 12 月 21 日，其中一

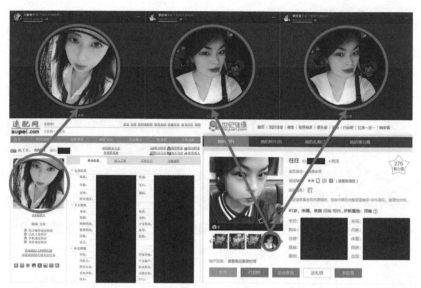

內容製造者的大頭貼來自中國交友網站，且多數於 2023 年 10 月 31 日更換其大頭貼照片。

境外粉專的發文時間軸，顯示主要在 2023 年 10 月底後才開始活躍。

打台灣不如騙台灣：中國對台灣認知作戰的 Q&A

內容張貼者張貼簡體內容及 Deepfake 深偽不實影片。

個 Facebook 假帳號目前已經無法存取,而 YouTube 頻
道已被下架。

(2) 內容張貼者

當上述虛假的圖文影音內容或偽裝成一般民眾意見的截
圖產生之後,會透過 11 個 Facebook 粉專張貼,再由該
集團的假帳號分享擴散。這 11 個粉專具有高度的境外
特徵,包括所有的管理員位置皆位於境外,沒有來自台
灣的管理員;雖使用繁體字為主,但偶爾依然可見大量

使用簡體字的內容等。另外，這些粉專的創立時間多半在 2020 年 2 月到 6 月之間，但直到台灣 2024 年大選前三個月才開始活躍的發文；雖然這批粉專的名稱與其所標註的類別皆屬於生活類型，例如相機相片、廚房烹飪、藝術、個人部落格等，但其貼文內容卻僅與台灣政治和選舉有關。

另外，這些偽裝成一般民眾意見的發文被截圖的時間點，離其原始內容發布時間非常短暫，甚至可以在 2 分鐘以內。在我們 2022 年發布的報告當中，我們也曾觀察到相同手法的操作：當轉發來自知名人士的發言截圖時，該截圖通常距離原始貼文發布的時間 2 小時左右，但當內容是來自虛假的個人帳號時，截圖的時間點通常在發文後 1 分鐘。顯示這些假帳號在發布內容後會立即被截圖，並批次張貼到該協同集團掌握的粉絲專頁上，展現兩者之間高度的協同性。

（3）內容放大者

柬埔寨協同集團中的粉專張貼內容後，會透過至少 115 個假帳號扮演內容放大者，將該內容擴散到各大 Facebook 社團中。這些帳號的大頭貼照片多半來自於網路下載的照片，其中有部分帳號甚至使用含有新聞網

站浮水印（四川新聞網、ETtoday 新聞雲）的人像作為大頭貼，具有一致性的特徵和造假手法。

這些假帳號彼此之間也存在高度的協同性，每當要擴散一個內容時，在數百次的分享中，他們也僅會使用大約 6 到 9 種相同的文字範本。與過往使用單一假帳號、複製貼上相同訊息至多個社團的行為不同，該集團顯示其具備自動化腳本工具。單就 Facebook 公開社團中的分享紀錄而言，這 115 個假帳號至少操作了超過 1,337 次的協同分享。

● 目標受眾

本次觀察到的柬埔寨協同集團，其虛假的爭議內容透過一系列操作，最終被分享在以台灣民眾為主 Facebook 社團，其中又以政治性社團、非民進黨支持者為主。例如：「中華民國大團結」、「韓戰」、「天怒人怨官逼民反」、「侯家軍全力支持侯友宜選 2024 總統」、「柯文哲鐵粉軍團」、「網路 52 台中天新聞台」、「我是台中太平人」等共 153 個社團。包含重複的使用者在內，這些社團成員加總約 366 萬人。

其中除了政治性社團以外，該集團同時也將內容分享至

少數商業操作社團。這些社團提供各種公關公司的帳號轉發文章操作,提高貼文的互動數,製造熱門訊息的假象,以符合其工作指標。例如:「廣告聯盟任你貼」、「免費打廣告」、「全方位各行各業免費廣告中」等商業操作社團。

---

10 可參考台灣民主實驗室,〈假冒在地民意的舶來品:臉書境外粉專介入台灣選舉手法解析〉(https://medium.com/doublethinklab-tw/ 假冒在地民意的舶來品 - 臉書境外粉專介入台灣選舉手法解析 -f90176ec14b8)。

17

在中國對台灣的認知作戰裡，常見的攻擊對象有哪些？

　　早年中國對台統戰注重「三中一青」：中小企業、中低收入、中南部及青年。現在則講「一代一線」：青年一代與基層一線。兩者都可以看出，年輕族群一直都是重要戰場，希望讓越來越多的年輕世代即使不喜歡中國，但也要相信「美國和日本也不是什麼好東西」。

　　由於中國的認知作戰，目的除了希望讓人民對於政府產生不信任外，也希望可以激化台灣社會的仇恨與對立，有些時候爭議議題的正反雙方，都可能是攻擊的對象。

　　另外一個攻擊對象是媒體。讓民眾不再相信媒體報導，與可信賴的媒體脫鉤，久而久之，就會破壞民眾接受資訊來源的多樣性，進而選擇只收看或相信中國認知作戰傳遞的內容。

　　美國《大西洋期刊》（*The Atlantic*）專欄作者海倫・露意絲

（Helen Lewis）在 2020 年 6 月 12 日〈主流媒體不會跟你說〉（The Mainstream Media Won't Tell You This）一文，分析陰謀論者的不實訊息，會使用「主流媒體都不報」的修辭，利用人們對弱者的同情心，以及對獨家真相的好奇心，吸引讀者進入陰謀論者的敘事框架。

資安專家提醒，陰謀論者要培養讀者的忠誠度之前，最重要的就是切斷讀者接觸外界資訊的管道，瓦解讀者對主流媒體的接觸與信任，而視陰謀論者提供的資訊為唯一獨家，讓讀者感覺「比別人懂得多、比別人更能取得真相」，最終的目的就是把讀者帶往特定的網站和消息來源。[11]

除此之外，醜化台灣的人權工作者、有台灣本土意識者，也是中國在對台認知作戰時的主力。例如以提升台灣全民防衛意識為成立宗旨的黑熊學院，就不時的遭受到中國的攻擊。透過醜化這類的團體，中國可以削弱台灣民眾的敵我意識，讓對於政治漠不關心的群眾認為，就是這類團體在煽動台灣發生戰爭，破壞兩岸和平。

類似的做法其實也不單只有發生在中國的認知戰，俄羅斯在攻打烏克蘭初期，也是先攻擊人權團體與新聞媒體。由於在戰亂期間，人權團體與新聞媒體會記錄戰爭底下侵犯人權的案例，如

果俄羅斯能透過認知作戰讓外界對於人權工作者與記者產生不信任感,便能有效降低社會大眾對於人權團體與新聞媒體發布訊息的可信度。

11 關於〈主流媒體不會跟你說〉的介紹,引用自「台灣事實查核中心」
的報導〈明明都有報導 卻說「媒體都沒報」 這一類假訊息想做什
麼?〉一文(https://tfc-taiwan.org.tw/articles/4747)。

〈主流媒體不會跟你說〉(The Mainstream Media Won't Tell You This,
https://www.theatlantic.com/international/archive/2020/06/
conspiracy-mainstream-media-trump-farage-journalism/612628/)。

各政黨不是都有「網軍」或「側翼」嗎？
側翼網軍在做的事情，
跟中國認知作戰有什麼不一樣？

政黨的支持者替自己喜歡的政治人物或政黨辯護、攻擊敵方陣營，這些都是民主社會國家底下正常的政治行為。這樣的現象不會只發生在國內的政黨，世界各國政黨都是如此，沒有太大的問題。

透過網軍側翼帶風向的問題在於，如果支持者透過金錢找公關公司，在網路上製造假的聲量與留言，進而影響選舉和公共討論，這類的行為無論發生在境外或境內，都需要進一步加以規範。為了維護民主制度正常運作，揭露變成一件很重要的事情。

公關公司拿錢辦事可以分成兩種類型，一種是替候選人或政治人物包裝形象，在言論自由的框架底下，政治人物透過公關公司針對選民喜好操作議題，或是跟網紅合作提升社群媒體上的能

見度、官方帳號的追蹤數，普遍來講都是可以被大眾所接受的。

但如果是透過公關公司在網路上放了一萬個假帳號，營造出好像有一萬多人支持你，讓批評的聲音被壓下去，破壞民主社會底下真實的言論生態，那就會是個問題。但目前對於這樣的操作手法，我們只能仰賴社群平台控管機制，來移除大量不實的假帳號。

值得注意的是，如果資訊操作者發生在境內，屬於台灣的國內事務，受到民主制度的監督，造假的政治人物可能會被選民唾棄、在選舉中落敗，或是被人民罷免。公關公司透過不道德的方式散布不實訊息，我們也可以透過各種法律工具或政策來加以限制、監督。

例如在《社會秩序維護法》的規範下，包含選舉期間亂發黑函造謠，如台灣缺水、缺電、有飛彈要打來等，造成民生恐慌，這樣的行為必須付出法律代價。也因為有法律作為最後一道防線，讓惡意不實造謠攻擊的網軍不能夠肆無忌憚。

但如果這類的行為來自於境外，不僅造成追查的不易，台灣執法人員或研究單位就算抓到明確的證據，我們無法透過法律來嚇阻或制裁，民主制度也無法給予回應。對於社會秩序造成的破

壞更是難以修復。

另一個政黨網軍和中國認知作戰重大的差異是，每個政黨的候選人擁有多少資源、接收多少政治獻金，絕大部分都是公開透明的資訊。加上在競選期間，很多地方都需要花錢，像是動員人潮造勢、發放傳單或廣告宣傳，能夠花在透過網軍操作的資源有一定的限度跟比例，實際上沒有任何一個政黨會把絕大多數的資源花在這件事情上。

要記得，中國是集權國家而不是民主政體，對台灣的認知作戰是一場「不成比例的戰爭」，他們長久以來展現出併吞台灣的意圖，絕對是有決心要投注大量的資源在進行認知作戰。

我們在網路上和意見相左的人辯論，討論的目的是希望公民社會能一起打造出更好的社會與未來。但如果我們在辯論時，隱身在螢幕另一端的，不是我們想像真實存在的公民而是機器人，或者不是真心想要跟你討論，而是以想要破壞社會和諧作為主要目的，我們要清楚地去看見其中的差異。因為如此一來，我們不僅無法達成民主辯論後互相妥協的結果，反而會產生更多的對立與衝突。這也呈現出辨識與區分來自境外的認知作戰的重要性。

比起國內政黨的網軍，台灣社會受到來自中國的攻擊程度嚴

重太多，量體也落差太大。中國政府近年來在培養大量的網紅，一開始頻道主題可能是旅遊類、生活類、電影類等軟性內容，累積足夠的訂閱數後，再慢慢導入政治議題，導向對中國有利的言論。

　　要知道，中國省下一枚飛彈的錢，可以養多少網紅。根據統計，光是 2023 年，中國在 YouTube 上被下架了近 65,000 個頻道，平均一天新增近 180 個頻道，這是台灣任何一個政黨即使竭盡黨內可動用的資源，都無法達成的攻擊力道。

　　很多人會誤以為，網軍側翼在網路上張貼文章，會造成巨大的社會問題，但如果隨機在路上抓十個人，可能根本沒有人聽過這些「側翼」的名字、粉專帳號。反過來，如果問這十個人關於政治人物投資高端的陰謀論，十個人裡面很有可能就有兩、三個人聽過。與其擔心網軍側翼在網路發言會造成社會動盪，實際上我們必須理解，中國的認知作戰帶來的影響更為巨大。

許多國家像是俄羅斯、北韓、伊朗，也都有在進行認知作戰，中國有什麼不一樣嗎？

中國對台灣進行認知作戰，是併吞台灣手段的一環，和其他沒有統一台灣企圖的國家如俄羅斯、伊朗比起來，中國花在台灣資訊操作上的預算絕對比較多，當然更值得我們重視。另一個特點是，中國的認知作戰手法為去中心化，發動攻擊者分散在不同單位，攻擊的點很多。

事實上，來自中國的輿論戰，早在網路還沒普及之前就已經發生。中國早年非常仰賴地面謠言，透過里長、退休將領、退役軍人、黑道團體等傳統方式，在菜市場、里民大會、宗親會等等場合散播各種謠言，影響我們對台灣主體意識形態有很多負面評價。

即便到了現在，中國開始大量透過網路散布假訊息，在陰謀論階段，中國政府依然會先從地面戰開始，在第一階段測試這些陰謀論。此外，透過傳統媒體如報紙報導、政論節目來放假消息，

也是中國持續使用的做法。

怎麼檢查自己是否已經成為中國發動的認知作戰的受害者？

一開始當我們被意見領袖或網紅的言論吸引時,很難判斷背後是否有中國認知作戰操作的痕跡。但假如越來越多人能夠意識到,中國政府喜歡透過網紅和傳統媒體帶風向,越來越多人就可以在接受資訊時保持警覺心。

例如,當某個網紅忽然討論起與過去頻道內容沒有太多關聯的特定議題時,可以想想為什麼對方會忽然講這些?或是當某個網紅忽然聲量快速竄起時,可以思考這個人究竟是怎麼紅起來的?過去的背景又是什麼?

有意識地去認識中國常見的認知作戰手法,對於中國有基本的背景知識,也願意信任公正的專業組織,我們除了可以有效避免自己成為中國認知作戰底下的受害者,也可以不要輕易地去亂扣他人帽子,把所有和自己意見或立場相左的人,輕易地貼上中共同路人或是側翼網軍的標籤。

"

我明明生活在台灣，
為什麼會受到來自中國的認知作戰影響？
難道執政黨不會更容易洗腦台灣人民嗎？

　　網路的世界裡頭沒有國界，中國要把資訊丟到我們眼前，比起網路發達以前只會越來越簡單。相較於中國在其他地區的認知作戰，台灣和中國畢竟在語言與文字方面接近，只要肯花點錢下廣告，中國政府想要傳遞的訊息，就可以很輕易地送到被鎖定的受眾眼前。甚至我們可以說，這些年來在 Facebook 和 YouTube 平台上，中國政府是非常重要的廣告商。

　　隨著 TikTok 和抖音的興起，用戶所接收到的訊息、演算法的權重、內容審查的標準，都是由字節跳動公司決定，而任何一家中國企業都會受到中國政府、中國共產黨的介入指導，尤其是這麼大的社群媒體平台，這也是台灣任何一個政黨都沒有能耐做到的。

　　更重要的事情是，在台灣，只要是正常的政黨，不會想要用消滅國家的方式來施放假消息。

中國滲透很危險，
難道美國或其他國家的
「滲透」就不危險嗎？

　　台灣確實也受到來自其他國家的影響，舉例來說，韓國近年來積極透過影視娛樂，在各地擴大韓國文化的影響力，但背後的目的絕對不是為了要併吞台灣。

　　日本和美國長久以來，無論在影視娛樂、流行文化、飲食習慣等多方面，也對台灣影響不小，但即使我們看了再多的美劇、日劇、韓劇，我們也不會哪天忽然被這些國家併吞，或是成為美國第 51 洲。

　　相較之下，中國透過文化、學術、體育等各種方式滲透台灣，最終極的目的就是要讓台灣人民相信兩岸一家親，藉此達到統一。本來看似單純的學術交流，到最後變成學者們跟著中國開始散布不實訊息、中國統戰論述，這些都是跟其他國家學術交流不會出現的狀況。

未來，中國可能會用哪些方式
繼續對台進行認知作戰？

我們認為，中國政府未來的操作可能包含了以下幾個方向：

● 衝突內部化；

● 議題及內容在地化；

● 散播行為多元化。

首先，中國官方在資訊操作中所扮演的角色，可能會繼續扮演台灣內部衝突的放大者，而非新事件的發動者或資訊源頭，來避免挑動台灣公民的警覺心，以達成衝突內部化。

其次，藉由大量採用台灣的在地議題及內容，能夠降低境外色彩，更好融入台灣社會的討論，使得研究者難以追蹤該資訊操作是否來自於境外。

第三，生成式 AI 的出現使得內容製造的時間成本及人力成本大幅下降，藉由生成式 AI 來產生同樣意義但不完全相同的文字、

圖片及影片內容，並且隨機排定發文、留言或分享時間，不實帳號的協同行為會變得越來越難偵測，從而難以斷定不實帳號們同屬於一個有規模的操作集團。

　　不實帳號的散播及互動行為跟真實民眾的自由言論及互動，在不久的將來，會越來越難彼此區分開來，類似的嘗試已經開始在 2024 年選舉期間的網路貼文和留言中被觀察到。

　　未來，在資訊有限的情況下，進行境外資訊操作的監測與判斷將會變得更加艱難，攻擊者將能利用各個平台的特性，更有效率地將資訊散播到各個網路討論空間當中。

第三部

認知作戰手法解析

社群媒體演算法的興起，導致認知作戰的手段增加，讓攻擊變得比過往更加快速且有效率。認知作戰主要手法就是要針對特定族群投放特定訊息，使其改變想法產生影響。認知作戰不見得是要讓反核者開始變得擁核，而是要讓反核派變得不想講話，形成一種沉默螺旋效應。

更甚者，認知作戰的發動者透過各種方式欺騙演算法，像是特定時間發文、使用熱門關鍵字或Hashtag、大批假帳號在貼文初期很快互動等，讓演算法誤以為認知作戰的訊息是有趣內容，自動推薦給更多受眾。

認知作戰如何在社群平台發生？
演算法如何加劇問題？

　　社群媒體的興起加上演算法運作的邏輯，讓認知作戰的攻擊方比過往在地面作戰時，更容易且迅速地去預測使用者喜歡的內容。每一次當我們在社群平台上發文、留言、分享、按讚，或是追蹤了哪一個粉絲專頁、加入了哪一個社團，都能讓攻擊方擷取到我們的使用習慣與喜好。

　　演算法是根據使用者過去的行為模式，去推送更多可以吸引使用者目光的內容，增加用戶的黏著度。舉例來說，臉書會在貼文上線的一分鐘內，先分享到你一部分的朋友塗鴉牆上，當這則貼文在短時間內有 80% 的人按讚或留言，演算法就會判斷這則貼文很有可能受到多數人喜歡，並且想要互動。於是就會再把這則貼文分享給另外更多朋友看見。

　　這篇貼文經過一層又一層的擴散，無論是訊息傳遞的速度與廣度，都取決於這則貼文在上一層累積的流量。在這樣的情況下，

一篇挑動情緒讓人生氣的貼文，或是一則有深度的影評，都可能因為使用者互動程度高，而讓這篇文章受到演算法的青睞。另一方面，因為不同用戶喜好各異的緣故，演算法也會推薦不同的內容。像是一名平常根本沒在運動的人，塗鴉牆上就不太容易會出現跟運動相關的貼文和廣告。

社群媒體演算法的興起，導致認知作戰的手段增加，讓攻擊變得比過往更加快速且有效率。畢竟就像我們在先前分享過，認知作戰主要手法就是要針對特定族群投放特定訊息，使其改變想法產生影響。認知作戰不見得是要讓反核者開始變得擁核，而是要讓反核派變得不想講話，形成一種沉默螺旋效應。

即使認知作戰的發動者，透過社群媒體操作的方式跟演算法運作邏輯非常吻合，但因為在多數大型的社群平台如 Facebook、YouTube、X 等，演算法本身非中國政府得以掌握，無法直接去控制。於是中國開始透過各種方式欺騙演算法，讓演算法誤以為認知作戰的訊息是有趣內容，自動推薦給更多受眾。這些方式包含在特定時間發文、使用熱門關鍵字或 Hashtag（主題標籤）、大批假帳號在貼文初期很快互動等。

然而，追查認知作戰工作的重點在於**觀察是否為集體行為**。當一個帳號發了很多批評蔡英文政府、讚揚習近平的文章，我們

不能輕易就說這是認知作戰，因為這很有可能只是單一人士在社群網路上展現個人政治喜好。但如果我們在社群平台追查出有一批帳號，對於其近年來跟選舉有關的貼文進行使用者分析，發現每次 A 留言後，B、C、D、E 也跟著發表相同或類似意見、且彼此間立場高度重疊，如果只是少數幾人，有可能是一群志同道合的朋友；但如果是近百個帳號都這樣做，他們永遠都只看到同一篇文章、永遠只回覆同一篇文章，而且立場都一樣，那就會被判定是協同性造假行為，試圖透過這樣的方式來帶風向。

事實上，中國開始在台灣進行認知作戰的時間點最早可以回溯到 1949 年，當時並沒有社群媒體，於是中國政府早年採取的都是簡單的手段，例如發傳單、空投氣球、在地面上透過人際網絡釋放統戰消息帶風向等。

2015 年開始，PTT 成為中國操作輿論的重災區，直到 2017 年才漸漸式微，目前 PTT 已非重點，僅以國內層級的政黨競逐聲量居多。中國在 2017 年以前，是以大批帳號在 PTT 帶動風向，後來 PTT 暫停新帳號申請，已逐漸不重要，但有時仍會參與整體作戰，通常是以透過購買老用戶帳號或駭客盜用帳號為之。這些帶風向的訊息經由 PTT 的一兩個帳號作為發文平台，而重點則在於貼文後續轉發或截圖出去的擴散效果。知名代表事件為巴拉圭社宅案，就是發生在時任副總統賴清德率團出訪巴拉圭並過境美

國，PTT 被盜帳號貼文宣稱，賴清德與巴拉圭總統貝尼亞簽議事錄，未來 5 年要投資 3.2 億美元幫助巴拉圭蓋社會住宅。

後來，隨著台灣人習慣使用的社群媒體趨勢轉變，認知作戰的戰場開始蔓延到 Facebook、YouTube、Instagram，以及近期的抖音，試圖將年輕族群列入積極想要影響的對象。

在社群媒體上，因為有了演算法，中國政府可以透過假帳號或小粉紅來洗留言、洗按讚數，更快地把資訊送到使用者眼前。過程像是餵養閱聽眾毒品般，讓你看越多你喜歡看的訊息，你就會越沉迷、越想要接收更多類似的訊息，到最後，你的塗鴉牆上就只會充滿著政府無能、台灣治安很亂、缺水缺電等資訊。

關西機場事件中，中國如何帶風向？

　　2018 年最為人所知的假訊息事件，莫過於「關西機場事件」。當年 9 月 4 日，燕子颱風在日本帶來強風豪雨，關西國際機場遭強颱重創後關閉，導致上千名旅客受困，關西機場瞬間成了海上孤島。

　　事發後，關西機場自己決定要派車輸運旅客，9 月 5 日清晨 6 時 30 分起，關西機場用船隻和巴士陸續將各國旅客載離機場，有部分旅客被高速船載到神戶港，並將中國大陸的旅客載往指定的中轉站。

　　網路上卻盛傳「中國領事館派車到機場接中國旅客」，引發台灣民眾不滿，這起假消息經輿論發酵後，被外界認為可能間接造成了台灣駐日本大阪代表蘇啟誠自殺的悲劇。

　　這起事件傳播的管道經過追查可以發現，最早出現於中國微博主「洪水猛獸 baby」的微博頁面，該微博主同時在文章中提及

共青團官方。文章發布後接下來半小時內，其他微博帳號跟進，並進而捏造台灣人要上車的假新聞。雖然「洪水猛獸baby」原文在兩天後遭到刪除，但其內容已被轉貼至內容農場「觀察者網」。

9月6日，該文被中國攝影記者「青山」分享至PTT。9月6日台北大學游姓學生所持有的帳號「GuRuGuRu」於PTT發文，聲稱當時關西機場沒水沒電，是中國大陸派了15輛大車才讓他上車脫困，同時他打電話到大阪辦事處卻得到冷處理。

事件發展至此開始掀起輿論譁然，成為台灣政論節目題材，引起輿論發酵，並登上報紙頭版，導致大阪辦事處成為眾矢之的。過程中，台灣「卡神」楊蕙如亦指揮帳號加入行列，使得事情更為複雜。

9月14日，駐日代表謝長廷擬開關西機場事件檢討會，時任台北駐大阪經濟文化辦事處處長蘇啟誠未前往上班開會，被發現他在住處上吊輕生。

「關西機場事件」是一起典型的「只有中國政府會做事，台灣政府無能」的帶風向案例，試圖攻擊台灣的外交系統，並導引台灣民眾以為：「在海外，如果你是中國人，你就可以XXX」。

從操作手法來看，只要在幾個關鍵點安排好協力者，如安排一人把消息貼到 PTT、政論節目安排好一人 call in、安插親中媒體報導，只要掌握好時機，一旦台灣官方沒有應對得宜，就很有可能產生難以挽回的悲劇。

從關西機場事件中，我們可以看見即使台灣事實查核中心在最短時間內確認訊息為錯誤[12]，但傳播的速度仍遠不及錯假訊息和輿論蔓延的速度。更重要的是，因為政府欠缺應對機制，在回擊的時候無法掌握脈動，也因此造成後續的悲劇。

12　台灣事實查核中心關於「關西機場事件」的事實查核報告：
　　https://tfc-taiwan.org.tw/articles/150。

COVID-19 爆發初期，
中國如何透過認知作戰製造恐慌？

2019 年 12 月，COVID-19 疫情席捲全球，中國認知作戰也鋪天蓋地而來。台灣民主實驗室從 2020 年 1 月 10 日到 3 月底，觀察約 202 個公開臉書粉絲專頁與公開社團的貼文中，高達 25%、共 69,165 則貼文及新聞訊息與 COVID-19 相關[13]。

進一步分析這些貼文的敘事趨勢及疫情發展的重要時間點，可分成「病毒並不嚴重」、「疫情源頭與治療偏方」到「台灣政府隱匿疫情，其實已經社區感染」、「COVID-19 造成各國嚴重災情、中國肺炎已取得控制」四個階段。主要資訊操作模式最早都可追到微博，後轉到內容農場，再被中國媒體引用寫成新聞，並由台灣媒體轉載加以報導，最後擴散至台灣社群媒體或論壇網站。

一、第一階段：1 月 10 日至 1 月 23 日

在 2020 年總統大選前，COVID-19 已在中國境內開始傳播，

然而因為還沒出現大規模感染，且台灣新聞焦點皆關注選舉結果及後續政壇動態，故在早期新聞數量稀少。直到 1 月 21 日，台灣出現第一例確診案例後，相關新聞數量日益飆升，同日在社群網站臉書、PTT、Dcard 上，開始有大量相關文章出現。

此階段主要有三個認知作戰主題，分別是：「投票小心感染肺炎」、「大陸搞個小小肺炎」，及「肺炎和美國流感比較」，這三個主題的虛假訊息中，可以找到「政府隱瞞」、「COVID-19 沒有那麼嚴重」、「民進黨以 COVID-19 操作政治議題」、「掌握別人不知道的重要訊息」及「美國是背後主使者」五個敘事。

◎主題一、投票小心感染肺炎

總統大選投票日前，LINE 群組中開始出現大量訊息，提醒民眾投票時務必戴口罩，以免感染武漢肺炎，並強調台灣已有確診病例，暗示出門投票可能染病。該訊息以「友善提醒投票應注意防疫」的方式，夾帶「台灣已有確診病例」的虛假資訊，試圖讓民眾因為恐慌疫情而不願出門投票。

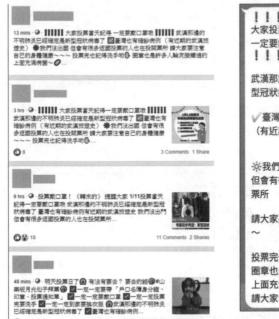

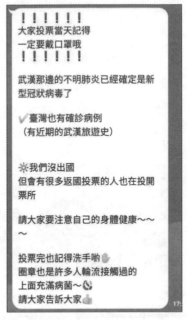

「投票小心感染肺炎」相關假訊息圖片。出處:台灣事實查核中心報告 #263

◎主題二、「大陸搞個小小肺炎」

2020 年 1 月 21 日,台灣出現第一起確診案例後,民眾對 COVID-19 恐慌漸高。2020 年 1 月 22 日晚間,臉書開始出現大量內容一致的貼文,內容皆以「大陸搞個小小肺炎,十幾億人口才死了六個,你們就怕到要瘋了,愛滋病一年死七十七萬人,也沒

見你們戴套還是少約炮」為主。

　　發文者為關注度較低之小模、持續經營的實況主、直播網紅、業配網紅，且因發文數量在一夜之間暴漲，很快引起社會輿論注意。貼文引起關注後立刻刪文，初步推判應為網路公關公司所進行的業配行銷。

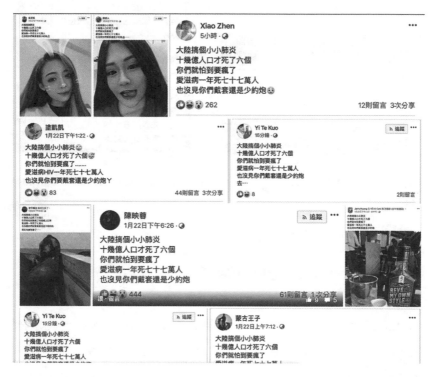

「大陸搞個小小肺炎」相關假訊息圖片。

◎主題三、肺炎和美國流感比較

隨著疫情相關新聞數量暴增，強調 COVID-19 的嚴重性、致死率相較流感為輕的訊息也開始大量傳播。

網路上最早出現此主題的訊息，是在 2020 年 1 月 16 日，微博帳號「20 届菜鸡考研生王一刀」（現已刪除）發布了第一篇「美国流感快传染近千万人了，近 5,000 人死亡。」文章，暗示美國流感死亡率遠高於 COVID-19。隨後，微博開始陸續有類似文章出現，1 月 20 日，含有「美国爆发流感已有 6,600 人死亡」內容的文章首先在內容農場「微雜誌」出現（現已刪除），接著被鳳凰網、澎湃新聞轉發。

1 月 21 日開始，台灣媒體也報導相似內容，微博在當日出現數百則「# 美國爆發流感」的文章。1 月 22 日「美国爆发流感已有 6,600 人死亡」登上微博熱搜。

1 月 21 日，台灣政治類的臉書社團及粉絲專頁，出現大量「美國流感已造成 4,800 人喪命，比大陸更嚴重，政府因為政治因素沒對美國列管」的相關文章，其中大部分都是直接轉貼其他政治型 YouTuber 拍攝的影片。1 月 22 日晚間，資深媒體人趙少康於其主持的政論節目上，也表達了相同觀點，使疾管署於 1 月 23 日

出面駁斥此看法。

韓國瑜市長後援會
3 months ago   01/22/2020 11:45PM PHT

美國流感 大家知道嗎？ 現在美國正大流行流感 1300萬人感染 已有6600人往生 台灣
也不少人來往美國 請問817女王有親自開記者會 告訴大家如何處理嗎？

  美國流感大爆發！1300萬人感染　6600人死亡
...
CTWANT.COM

Why did this match the search?

😀😲😢 838　💬 299　↪ 206

「肺炎和美國流感比較」相關假訊息圖片。

二、第二階段：1 月 24 日至 1 月 30 日

　　1 月 23 日武漢封城後，台灣民眾恐慌漸升，開始有搶購口罩
潮。此時新聞對 COVID-19 的嚴重程度尚未有定論，社群網站及
LINE 群組中仍有流傳「COVID-19 疫情並沒有新聞報導的嚴重」
的說法。

　　此階段主要有兩個討論主題，分別是：「偏方類」及「來源
類」，這兩個主題的虛假訊息中，可以找到「媒體偏頗報導」、「政

府隱瞞」、「COVID-19 已經不可控制」、「掌握別人不知道的重要訊息」、「反中／厭中」及「防患於未然」六個敘事。

◎主題一、偏方類

此類型的訊息，強調服用某些食物，可以有效對抗 COVID-19，使人不會輕易感染 COVID-19 病毒。目前收集的虛假訊息中，此類訊息占最大宗，偏方內容包括：

● 喝茶
● 喝大蒜水
● 淡鹽水漱口
● 飲用熱水
● 吃素
● 尼古丁可以殺死病毒（抽菸）
● 肥皂清洗鼻孔
● 香油滴鼻孔
● 放置洋蔥吸附病毒
● 避免接觸雨水（因雨水夾帶病毒）

此一時期 COVID-19 尚未研發出疫苗及治療藥物，民眾對於大規模爆發的疫情感到恐慌，故於網路上流傳各種偏方，主要以 LINE 為傳播管道。

◎主題二、來源類

　　此主題的訊息可分為兩種。第一強調 COVID-19 來自動物感染，或稱因武漢人食用野生動物而感染，通常搭配野生動物的影片或圖片。另一種則稱 COVID-19 為人工製造，或指疫情傳播為生化武器攻擊。

　　根據中國所公布的資料，COVID-19 第一起大規模群聚感染來自武漢海鮮市場，隨後即有新聞報導武漢海鮮市場販售野生動物，例如蝙蝠。網路盛傳的假訊息，多以不同事件之野生動物相關圖片或影片，假稱其為 COVID-19 源頭。

「來源類」相關假訊息圖片。出處：台灣事實查核中心報告 #289

三、第三階段：1 月 31 日至 2 月 25 日

因各國陸續有疫情傳出，WHO 於台灣時間 1 月 31 宣布將 COVID-19 列為「國際關注公共衛生緊急事件」（Public Health Emergency of International Concern, PHEIC）。新聞數量及社群媒體對 COVID-19 的討論度隨之飆高，網路上的虛假訊息也層出不窮。

此一階段，正好是台灣口罩由原先在便利商店限額販賣，改為健保藥局實名制販賣的階段。2 月 4 日口罩實名制前，因民眾恐慌造成口罩大量缺貨，許多假訊息皆和口罩相關，在社群網站上也發生多起以口罩詐騙的案例。

此階段主要有三個討論主題，分別是：「口罩類」、「國際排華事件」及「各國疫情失控」，這三個主題的虛假訊息中，可以找到「政府失能」、「媒體偏頗報導」、「政府隱瞞」、「中國是受害者」、「COVID-19 已不可控制」、「掌握別人不知道的重要訊息」及「反中／厭中」七個敘事。

◎主題一、口罩類

此主題的訊息可分為兩種，第一種以口罩瘋搶為由，製造其

他民生用品（如衛生紙、尿布）即將缺貨的謠言。第二種則是在 2 月 4 日口罩實名制販賣後，謊稱由民間技術社群與健保署合作之「敗口罩」、「口罩哪裡買」等查詢口罩剩餘數量之 LINE 官方帳號為釣魚帳號。

1 月 29 日疾管署宣布徵用國內口罩並分派到各家超商，臉書社團及 LINE 群組中開始出現假訊息，強調「因原物料皆用於生產口罩，衛生紙、尿布等民生用品即將缺貨」，導致許多人大量搶購民生用品。

2 月 6 日，口罩販售實名制開始實施，各地健保藥局皆為配額販售。為方便民眾掌握各藥局口罩數量，民間技術社群開發 LINE 聊天機器人「敗口罩」、「口罩哪裡買」，民眾只要傳送目前所在位置，聊天機器人便會主動回傳附近的健保藥局及剩餘口罩數量。與此同時，LINE 群組中出現大量訊息聲稱這些聊天機器人是釣魚帳號，其中幾則甚至出現「黨部已經確認過了」的文字。

「口罩類」相關假訊息，出處：MyGoPen 報告「【澄清】敗口罩、口罩哪裡買並非釣魚 LINE 帳號！別錯過好工具了」。

◎主題二、國際排華事件

2月中開始，COVID-19 疫情在國際蔓延，造成國際恐慌。在各國開始有對黃種人面孔歧視的狀況出現。2 月 22 日，YouTube 上一系列影片稱義大利及韓國發生排華遊行，並指稱「親共的國家都要完蛋了」、「中國人是臭蟲、病毒」等等。經查證，影片中的遊行片段皆非「排華遊行」。

此時在各國因為疫情，的確有歧視黃種人的情形，有心人士便藉此發布攻擊中國方的假訊息，混淆社會大眾。這些影片被廣泛分享到臉書社團及 Twitter 上。

◎主題三、台灣疫情失控

2 月 24 日，口罩實名制已大致穩定，社群網路上還有零星討論「買不到口罩」，此時有一篇貼文廣為流傳，內容如下：「我媽媽是高嘉瑜議員在台北一中的同學，嘉瑜議員有打電話給我們講，現在武漢肺炎超嚴重，新北夜市商家在半個月前就有發現超多感染者，跑到台北市超多的，政府完全追蹤不到，民進黨查收到好多口罩商，黨員都可以領口罩。嘉瑜議員還送了兩盒口罩給我們，嘉瑜議員本人超甜的好好人！」

此一訊息由一疑似假帳號於政治性臉書社團中張貼，更是四處在 COVID-19 相關討論底下留言。因訊息中大量可疑用語，例如訊息中所提之「台北一中」為日本時期建國中學舊稱，與高嘉瑜委員就讀年代相差甚遠，迅速引起網友懷疑。

Tsing Jing
我媽媽是高嘉瑜議員在台北一中的同學，嘉瑜議員有打電話給我們講，現在武漢肺炎超嚴重，新北夜市商家在半個月前就有發現超多感染者，跑到台北市超多的，政府完全追蹤不到，民進黨查收到好多口罩商，黨員都可以領口罩。嘉瑜議員還送了兩盒口罩給我們，嘉瑜議員本人超甜的好好人！

「台灣疫情失控」的相關假訊息。

四、第四階段：2 月 25 日至 3 月 31 日

　　2 月 25 日，中國宣布全面復工，雖然中國疫情官方數字趨緩，但是因為全球疫情持續擴大，復工率持續低迷，許多地方政府害怕疫情復發並未積極響應復工政策，造成中國內部政權極大壓力。這樣的壓力也讓中國將戰略目標從對外宣傳轉為對內維穩。

　　此階段主要有兩個討論主題，分別是「來源類」及「各國疫情失控」，其中「偽造假公文」的主題可以說是「台灣疫情失控」的延續，也歸類在「各國疫情失控」的討論主題中。這兩個主題的虛假訊息中，可以找到「政府失能」、「媒體偏頗報導」、「政

府隱瞞」、「中國是受害者」、「COVID-19 已經不可控制」、「美中關係」、「民進黨以 COVID-19 操作政治議題」、「各國防疫措施」及「美國是背後主使者」九個敘事。

◎主題一、偽造假公文

2 月 26 日，臉書出現狀似翻拍的行政院公文，稱「憑健保卡可以領取十個免費口罩」。此類偽造公文除了使用政府公開公文進行竄改外，也常使用翻拍密件公文製造爆料效果，或偽造政府機關網站公告頁面，內容舉例如下：

● 偽造桃園市政府公文，稱發生醫院內群聚感染，將實施封城。
● 偽造台北市政府公告，請高危患者家屬到醫院接種武漢肺炎疫苗。
● 偽造行政院官網，宣布「內政部網路安全處內部會議，決定從 3 月起逐步斷開世界互聯網，但不封鎖國內網路和部分軟體」。
● 偽造國家安全局密報，稱封鎖李前總統感染武漢肺炎死亡消息。
● 偽造衛福部公文，稱台南市各醫院送驗樣本呈陽性達 1,843 例。

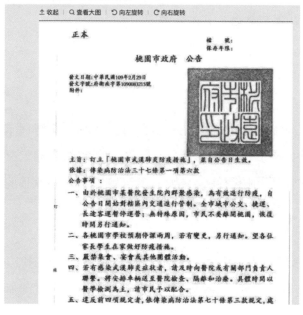

「偽造假公文」的相關假訊息。

◎主題二、病毒來源非中國

　　早在 1 月 23 日開始，微博上就出現「疫情來自美國軍人透過 2019 年在武漢舉辦的世界軍運會帶進中國」的說法，但類似討論的帳號都不是著名微博寫手，且大多僅以一兩句話「懷疑」的方式書寫。直到 1 月 30 日微信公眾號「學咖屋」，於微信公眾號上發布「为什么武汉这场瘟疫，必须得靠解放军？」一文，在微博

上開始大量出現討論 COVID-19 為美國製造病毒、透過軍運會攻擊武漢的說法。

日本朝日電視台 2 月 21 日晚上 8 點發布新聞〈以為是流感卻是新冠肺炎？美國醫療現況的障礙〉，當天晚間 11 點微博上出現第一則相關假訊息，微博寫手「司马平邦」發布第一則假訊息，指稱「这个新冠肺炎真的源自美国，而美国又在把它当成流感治疗，那么武汉的世界军运会应该是传染源头，所以当然在中国找不到源头，应该把目标锁定那些美国运动员身上」。

自此，「COVID-19 早在武漢爆發前便已在美國大量傳播、只是被當成是流感」的說法開始轟傳，2 月 23 日「phoenixbinbin 安好 TV」在 YouTube 上發布「日本朝日新闻：美國早在武漢之前已經爆發新冠肺炎？」為題的影片，並在臉書上大量轉發。

2 月 27 日晚間，東森政論節目「這！不是新聞」中，新黨市議員潘懷宗引用中國科學院科技論文預發布平台 ChinaXiv 的論文，直指 COVID-19 來源為美國。此片段在 2 月 28 日晚間被寫手「无心简影」轉發至微博，並開始在微博、臉書及 LINE 上大量轉發。

3 月 2 日，在網路上出現「美國 CDC 確認新冠病毒首例在美國！中國不再繼續背鍋」的貼文，並配有美國國務卿蓬佩奧

（Michael R. Pompeo）照片。3月5日YouTube開始流傳影片（現已刪除），宣稱「特朗普終於承認，新冠肺炎就是之前的美國流感」，隨後立刻在多個藍營臉書社團中散布。3月12日，臉書上開始流傳一部影片，稱聲「美国终于承认新冠性病毒就是美国流感」。

◎主題三、各國疫情失控

　　3月12日，WHO宣布COVID-19為「全球大流行」。3月15日晚間，Twitter上突然出現大量複製貼上的訊息，內容宣稱：「某國疫情已經失控了，我從某國醫院的朋友那裡打聽到，每天無數某國人問診，但是沒有試劑檢測，只能把人打發回家。某國老齡人口多，無數某國同胞就死在家裡了。沒確診就不算得病，所以某國才保持這麼低的增長，太可怕了。我已經訂好回中國機票了，關鍵時刻還是得集中力量辦大事呀。」其中某國包含：日本、法國、加拿大、美國、瑞士、澳洲、東南亞等國。

　　因此則訊息為複製貼上，很快便被網友察覺此為一波假訊息攻擊，3月16日開始有許多Twitter網友仿用同樣句型惡搞「銀河系的疫情已經失控了」等推文，3月17日便有媒體報導其為假訊息。
　　2020年COVID-19相關爭議訊息研究中，我們可以發現，不

「各國疫情失控」的相關假訊息。

是所有爭議訊息大量爆發的原因都和中國有關,但也的確有許多爭議訊息或虛假消息大量散布的時間點,和中國對外發動外宣的敘事一致。

我們也可以發現爭議訊息的攻擊不斷演進,主要流通管道從能明顯被觀察到的傳統媒體、網路媒體、公開的粉絲專頁,轉變為較難收集資料的臉書社團、個人臉書頁面、封閉通訊軟體群組,而所傳播的內容也從文字轉向直播、影片,相關文本的收集也越趨困難。其傳播路徑也從較容易觀察的直接轉載,慢慢轉向散布者自產內容、製造者和散布者斷裂的純經濟模式,讓爭議訊息傳播的觀察越趨分眾及私密。

民生相關的爭議訊息,遠較政治類的虛假訊息有更多轉發量,

即使在官方或民間多個事實查核單位澄清後，仍然持續在網路上流傳，尤其是在封閉式的 LINE、Facebook 群組內，實際造成的影響遠比公開能觀察到的更廣，也較不容易分析其來源、動機。

很多攻擊雖然難以往前追查出明確的攻擊發動者，但其發生的時間點，都契合中國內部相關事件、輿論產生的時間點，因此可以初步判斷：許多假訊息的傳播，並非是中國對外之外宣，而是為了對內進行維穩的社會控制。

13　台灣民主實驗室，〈疾病下的中國資訊作戰：假訊息在台傳播模式與內容分析〉（https://medium.com/doublethinklab-tw/ 疾病下的中國資訊作戰 -e3f9ce4e72e）。

COVID-19 疫情在台灣爆發後，中國如何藉由認知作戰干擾台灣政府防疫？

台灣自從 2021 年 5 月疫情爆發後，憑藉網路散播的不實訊息開始引發民眾對政府的防疫政策和地方官員施政的不信任，並且使得迫切尋求防疫資訊的民眾感到恐慌。

根據台灣民主實驗室前理事長沈伯洋研究[14]，從 2021 年 5 月中旬開始，有關中國疫苗的政治宣傳在 Facebook 大量出現，主要由來自阿爾及利亞、柬埔寨、俄羅斯及中國等七百多個假帳號，以及一些 YouTube 頻道在平台上散播。

這項研究透過台灣人最常使用的社群媒體 Facebook 獲取資料，將 2021 年 5 月 12 日至 2021 年年底有關疫情的貼文備份，並將其分類，進而辨識境外勢力。研究結果發現，中國對外宣傳布局的其中一個主要模式是資訊作戰的外包化（outsourcing of information operations）。將資訊作戰發包給位在東南亞的組織，

發包的潛在對象包含專門企業、駭客、大學、國營企業及網紅等。

被外包的帳號與頻道皆會使用當地習慣用語及語氣,假裝是關心政治的當地居民。然而他們散播的內容並不是要宣揚中國,反而是想藉由這些訊息在台灣社會製造混亂、不信任及分歧。

疫情在台爆發第一週

台灣在 5 月 12 日出現大量肺炎確診個案時,中國國務院台灣事務辦公室(簡稱國台辦)宣稱,台灣疫情的爆發肇因於政府拒絕接受中國提供的疫苗;同天,Facebook 出現大量貼文傳播相同觀點,即台灣政府掩蓋肺炎確診個案數,且死亡病例遠比政府聲稱的還多,Facebook、Twitter 和 LINE 甚至出現虛假的死亡病例報告書。

5 月 13 日,開始有人在 LINE 上散布一段被竄改的 40 秒錄音,內容是多起確診個案被當地政府隱瞞。5 月 14 日出現的謠言進一步聲稱,政府提供的消毒水有毒。接著從 5 月 15 日開始,一些 Facebook 專頁表示,所有的混亂開端都是因為台灣對中國的抵抗,而中國可以協助解決問題。

最終,在 5 月 17 日,台灣一位匿名公民寫了一篇社論,指稱

台灣政府正在利用反中意識形態去壓制可以成功對抗疫情的正確方式，並暗示正確方式是「中國方式」。同一天，一個偽裝成《自由時報》的推特帳號，開始散布確診個案死亡人數的假新聞；之後甚至還出現疾管署跟台灣教育部的假網站，散布關於疫情的不實訊息。

上述謠言除了最後一個是以台灣媒體為名的假帳號撰寫的匿名謠言外，其餘都是中國 IP 產生，使用簡體中文，或使用中國文字來編寫，並被多個假帳號散布到二手物品販售群組及算命群組等跟政治無關的中立群組，也同時被在台的親中團體拿來放大。

在台灣，對政治冷漠的人更傾向於相信陰謀論，中國在台灣疫情爆發初期持續六天的攻擊，可以被視為重要且危險的認知作戰。這類資訊造成了民心混亂，並開始煽動民眾對台灣政府的不信任，增加防疫的困難，甚至建構出中國的正面形象，這就是典型的中國資訊作戰。

中國的攻擊沒有就此打住，以下針對疫情間不同階段的資訊操作進行分析。

5 月到 6 月

　　當時台灣處在第三級疫情警戒，疫苗是這段時間討論度最高的話題。使用主題模型分析結果發現，第一個出現的主題是介紹如何獲得疫苗的貼文（8.4%），並列第二名的兩個貼文分別是每日確診個案數量及如何領取疫情補助（8.3%）。跟疫苗相關的陰謀論和掩蓋確診病例等論述有 8.1%，台灣高端疫苗與其他類型疫苗（包含中國製的科興疫苗）的比較貼文有 7.8%。

　　在占據 8.1% 的陰謀論以及掩蓋確診病例的貼文中（約 4,447 則），大多數文章是內容農場跟 YouTube 頻道的簡短貼文。其中 10 個粉絲專頁同時分享相同網站，而又有 8 個 YouTube 頻道每天皆上傳 3 到 4 部相關影片。這些粉絲專頁來自中國、阿爾及利亞、柬埔寨、俄羅斯和香港，但是都在傳播台灣國內的疫情資訊。

　　儘管大部分粉絲專頁只有不到 100 個按讚數，它們仍是不實訊息的散播中心，因為這些假帳號可以同時分享資訊給數個不同 Facebook 社團，觸及超過 100,000 名用戶。

7 月到 8 月

　　中國官方媒體在這段期間開始宣稱，疾管署需要對因 3+11 政

策導致疫情爆發而死亡的 817 名台灣確診病人負責，這個攻擊持續了一個月。但由於這些新聞都是簡體中文，發布內容並非以台灣人為目標。除非被轉貼到 Facebook 或 YouTube 頻道，否則台灣民眾鮮少直接瀏覽中國媒體的網站。

其次，這些話題討論度在 8 月 13 日達到高峰，但新聞的內容其實源於台灣在野黨，而非中國。我們認為，訊息的產出者並不是判斷中國資訊作戰的唯一標準，訊息應該至少由中國對台灣散播，才可被認定是中國資訊作戰。因此，台灣的反對黨才是這次爭議性話題的煽動者。

然而，為何大部分中國的假帳號在台灣仍然處於疫情爆發、社會不安定的情況下沉靜下來？一個合理的解釋是美國在 7 月時，針對新疆跟香港議題給予中國強力抨擊。同時，為了調查 COVID-19 的源頭，美國跟澳洲在 6 月及 7 月也對中國逐漸地施加壓力。

將同時期發生的事件列入考慮後，中國資訊操弄的主要目標反而是在分散國際注意力，像是威爾遜·愛德華茲假新聞事件（the Wilson Edward case21）跟 COVID-19 來自美軍基地迪特里克堡（Fort Detrick）的陰謀論混淆國際對 COVID-19 起源地的認知。

9 月到 10 月

　　由台灣自行研發的高端疫苗在 8 月 24 日開放施打，在 7、8 月潛伏兩個多月的帳號重新活躍，這段期間陰謀論核心圍繞以下幾點：

- 台灣政府故意讓疫情在 5 月爆發，實際的死亡確診病例比官方公布還多。
- 疫情爆發是故意為了讓公眾施打高端疫苗。
- 台灣政府為了讓台灣人只有高端疫苗可以施打所以拒絕國外（中國）疫苗。
- 高端疫苗二期臨床試驗解盲失敗，接受施打的研究對象險些死亡。
- 台灣政府試圖謀殺台灣人來賺錢。

　　主要操作手法是利用 Facebook 粉絲專頁，使用幾個線上討論版的截圖當成高端試驗失敗的證據。實際查看 PTT 跟卡提諾論壇上被截圖的文章跟其發文者資料，會發現這些發文者在發完一篇文章後便立刻關閉帳號。除了發布截圖外，粉絲專頁甚至竄改 PTT 文章截圖，刪除作者姓名跟 IP 位址，修改截圖上的文章內容。另一篇粉專貼文則是藉由電視新聞上的截圖畫面來證明高端疫苗的受試者在施打疫苗後生命陷入危險，然而此篇新聞卻僅僅是在

提供民眾對 X 光的正確認知。

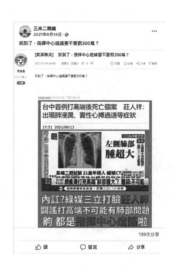

截圖的截圖之範例，通常會使用假帳號製作截圖或是竄改截圖上的內容。

　　雖然 10 個粉絲專頁並沒有很多追蹤者，卻扮演著不實訊息「中繼站」的角色。舉例來說，一則貼文沒有人按讚，卻有 139 次分享。透過假帳號在短短兩週內將粉絲專頁的貼文分享到非政治主題的 Facebook 社團，如食物愛好分享社團、直播主社團及交易社團等。再使用主題標籤將這些貼文分類，將不同貼文串聯起來。這些主題標籤包含：

＃高端成 3+11 最大贏家

＃拜託政府停打高端

＃為台灣價值獻身

＃用生命護航高端
＃3+11 到高端黑箱一條龍

　　這段期間共有 772 個假帳號參與這 10 個粉絲專頁分享貼文的
行為，這些帳號的平時活躍程度非常低，好友名單的帳號都是來
自中東或東南亞，卻只關心台灣疫苗。

　　以時間點來看，這些攻擊事件也跟台灣的社會事件有所關聯。
如 8 月 24 日是高端疫苗開始施打的時間點，而 9 月 7 日則是高端
可以不預約施打的開始日期，這兩天分享次數明顯增加。根據以
下幾點，可以斷定上述攻擊來自中國：

● 貼文內容明顯是由簡體中文轉換成繁體中文。

● 攻擊點跟中國官媒在 7 月跟 8 月發表的論述一致。

● 10 個粉絲專頁由中國人、香港人和／或柬埔寨人管理。雖
　 然從台灣使用 VPN 可能是一個解釋，但從過度散漫的分享
　 行為看來，很難說是台灣本身的行為（只有分享特定數量
　 的行為，不是台灣公司操作的方式；因為如果台灣公司有
　 參與管理粉絲專頁，經營粉絲專頁的人會立刻注意到貼文
　 的許多錯誤）。

● 其中一個粉絲專頁本身的連結是簡體中文的內容農場網站。

● 台灣人不會將粉絲專頁使用與微博網紅一樣名稱。

這波攻擊對於高端疫苗造成重大影響，由於這些粉絲專頁會在不需進行攻擊的情況下，定期分享台灣媒體的新聞來建立其自身的可信度。大量使用主題標籤，則更方便訊息擴散。由於大多數攻擊發生在非政治性社團，使得較容易受到陰謀論影響的公民成為的主要目標。

11 到 12 月

　　11 月初唯一行動是分享陳時中在疫情期間跟朋友唱歌沒戴口罩的影片。然而，這部影片是在 2020 年拍攝，當時台灣並沒有本土疫情。這個不實訊息跟影片被用來攻擊疫情指揮中心，目的是摧毀指揮中心的名聲。

　　雖然針對陳時中的不實訊息迅速被揭穿，但是這場攻擊並沒有停下來。11 月 11 日，《環球時報》、「今日海峽」等中國媒體繼續分享兩部短片關於陳時中跟朋友聚餐唱歌的影片，並對此下「陳時中是否誠實？」、「闢謠是真的嗎？」的評論。

　　最後，1 月 12 日，粉絲專頁再次使用截圖方法來製作陳時中唱歌的迷因「唱歌、聚餐、抽菸，就是不戴口罩」，並發布在網路上。接著一個月內將貼文分享至 313 個 Facebook 社團，分享行為從 11 月持續至 12 月初。而在攻擊期間，他們每天分享約十

	國際事件	中國內部事件	台灣本土事件	針對台灣的資訊作戰	全球資訊作戰
5月至6月	全球呼籲中國調查 COVID-19 的起源地、G7 以新疆跟香港人權議題向中國施壓	禁止討論六四天安門事件、通過《反外國制裁法》、準備中共百年黨慶	台灣本土疫情爆發、疫苗議題、美國參議員訪台	陰謀論：台灣政府掩蓋確診個案真實人數	陰謀論：COVID-19 來源
7月至8月	美國對中國企業的制裁、東京奧運、美中天津會談	北戴河會議	COVID-19 確診病例飆漲	3+11 政策	威爾遜·愛德華茲假新聞事件、迪特里克堡
9月至10月		準備拜習會、恆大事件	陳柏惟罷免案、開始施打高端疫苗	高端疫苗	無
11月至12月	拜習會、民主峰會	拜習會、中共第三次歷史決議	歐美議員訪台、公投	陳時中影片	中國才是真正的民主國家

國際、中共、台灣事件及中國資訊作戰比較。

次貼文至不同社團，並使用不同的主題標籤。

從中國在 COVID-19 疫情期間的系列操作，可以看出，假帳號發送的內容主要不是在讚頌中國的偉大，而是在台灣社會製造

混亂。中共中央宣傳部使用戰狼策略吸引注意力，抖音利用軟實力來講述中國美好故事，而其餘內容農場、粉絲專頁、假帳號跟YouTube 頻道則隱密地潛伏在網路上，直到時機到來時，彼此合作並瞬間湧出，活躍地製造跟發送吸引民眾的陰謀論。

14　沈伯洋，〈台灣面臨 COVID-19 疫情：不實訊息的新變種〉（https://bit.ly/3vhPDgk）。

護國神山台積電
真的會被美國掏空嗎？

　　早在 2021 年 12 月，台灣就有「台積電被美炸毀」的討論出現，資訊普遍流傳於 Facebook 及微博等平台，宣稱台海戰爭發生的時候，美國會先把台積電炸毀，如此一來，即便中國成功占領台灣也得不到好處。其中隱含的是「美國永遠是優先考量自己的利益，也無意保衛台灣」的疑美論敘事。

2021 年於台灣及中國出現的「台積電被美炸毀論」。

2022 年 4 月起，偶有零星的「台積電被美掏空論」被提及，主張「當台海地緣政治風險高升的時候，美國政府會採取行動把台積電搬去美國」。2022 年 10 月，類似的討論熱度進一步升級，並成為當年選舉前夕資訊操作的主打題材。

這個觀點表面上最早是由郭正亮、謝寒冰等人提出，然而，討論的熱度是始於中國及台灣的行動者，擷取並擴大 2022 年 10 月「彭博社」的一篇相關評論。其中參與擴散的包括中國官媒（環球網、海峽導報社、觀察者網）、微博大 V「無心簡影」、Facebook 境外匿名粉專及台灣媒體（《聯合報》、「東森新聞」、「TVBS」）。

除此之外，國民黨立委溫玉霞也據此在立法院質詢國防部長及國安局長，詢問美方有無撤離及炸毀台積電等安排。然而，這個時期「台積電被美掏空論」的敘事口吻較偏向分析與可能性的探討。

11 月後，兩起事件將該話題衝高熱度。包括 11 月 1 日「台積電赴美包機起飛」，及 11 月 21 日「張忠謀證實 3 奈米會在美生產」，以「台積電被美掏空論」為主軸的相關宣傳戰就此展開。其敘事主要包括：

● 美國只在乎自身利益並把台灣視為工具，只想撤離台灣半導體人才並炸毀台積電，在台海發生戰事的時候將無意協防台灣。

● 民進黨深知台積電遷美將造成危機，但仍迎合美國、出賣台積電來滿足自身利益。

這些敘事首先經由許多中國中央與地方官媒、微博大 V，以及 Facebook 匿名境外粉專廣泛傳播，接著台灣的行動者也紛紛響應，包括政治人物、政治評論家及政治評論粉專，在這個敘事基礎上進行評論，作為國會質詢內容以及選舉造勢的宣傳話題。

11 月 1 日台積電的第一架赴美包機起飛的消息，在微博大 V「台灣傻事」首先轉發後，11 月 1 至 3 日，陸續有共青團中央及中共中央統一戰線工作部下的「中新視頻」出來鋪陳「美國只是把台灣當作工具」的敘事，內容擷取自台灣教授張麟徵於「如何避戰：美中台關係的危機時刻」研討會的演講內容，並一併提及「# 台灣教授呼籲台灣人要覺醒 #」的話題，登上微博熱搜。

而中國國務院下中央廣播電視總台的「看台海」、中央電視台的央視網及地方官媒上海廣播電視台的「看看新聞」，則是直接論及「美國搬走台積電」，暗示包機赴美的事件「印證」了過去美國會掏空台積電的推測。這個時期資訊內容使用的口吻則趨

向肯定。

11月3日之後，這個敘事進一步經由微博大V（「深圳小天」、「新浪軍事」、「衝鋒號角」、「軍武季」、「孤煙暮蟬」、「台灣傻事」、「小凡好攝」）、Facebook香港粉專「紅色基因」，及國台辦粉專「台灣網」、中央電視台的「央視網」、福建黨媒的「福建東南網」及「東南傳媒」、福建省廣播影視集團的「海峽衛視」及「今日海峽」、「台海網」，及Facebook匿名境外粉專（「鄉民茶水間」、「八斗五車」）等不同層級的行動者，一起擴大至微博及Facebook社群。

選前一週，11月21日「台積電創辦人張忠謀證實3奈米會在美國設廠生產」的消息一出，微博大V（「台灣傻事」、「無心簡影」、「帝吧官微」、「神嘛事兒」、「深圳小天」）、中國官媒（「央視新聞」、「參考消息」、「中國台灣網」、「台海網」、「環球時報」、「海峽導報社」、「東南衛視」、「今日海峽」、「深圳衛視」、「觀察者網」、「看看新聞」等），及境外粉專（「台灣最美的風景是人」、「慘綠少年2.0」）也跟進並有所著墨。主要內容為「再次證實」台積電將被掏空，並搬去美國，而民進黨是其中的幫凶。

這波資訊操作也被帶入選舉的宣傳，例如立委鄭麗文在高雄

助選的談話內容，就是以台積電為主軸，強調不可相信美國及民進黨。

最終，台積電被民進黨出賣給美國的敘事形成，一方面護國神山將不復存在的推想，使得台灣人對中國的軍事恫嚇更加恐懼，因為美國協防台灣的「主要理由」將被消除。另一方面，對民進黨的不信任也再度加深，認為民進黨沒有守護台灣人的利益。

一旦多數民眾相信，台灣只是被美國當作可以最大化其自身利益工具，也就意味著美國並非真正重視台灣，而是把台灣當作可以隨時放棄的對象。這樣懷疑美國甚至是反對台灣提升對美關係、反對美國對台軍售，或美國政治人物訪台是台灣政府花大錢等敘事，也是中國認知作戰常見的論述之一。

美國眾議院議長裴洛西來台前後，有哪些認知作戰痕跡？

　　2022 年 8 月 2 日至 8 月 3 日，美國眾議院議長南西・裴洛西率領眾議院成員訪問台灣，成為自從 1979 年美國與中華民國斷交以來，第二位任內訪台的美國眾議院議長。

　　伴隨著裴洛西訪問台灣，網路駭客攻擊如火如荼展開。8 月 2 日，中華民國總統府網站遭境外分散式阻斷服務攻擊（Distributed Denial-of-service, DDoS），有 20 分鐘無法正常顯示。8 月 3 日，7-ELEVEN 及台鐵新左營站的螢幕遭駭，出現反裴洛西文字。23 時 27 分左右，中華民國國防部、總統府、外交部等部會官網遭受攻擊，並一度癱瘓。

　　除此之外，台電也在 8 月 4 日證實，針對台電外部網路（官網、民眾查詢系統）的網路攻擊頻率從 2 日開始增加，3 日當天的攻擊次數更高達 490 萬次，超越該年 6、7 月攻擊次數總和。8 月 4 日深夜，高雄市政府環境保護局飲用水網站遭攻擊，首頁被換成

中華人民共和國國旗相片。

外交部則在 8 月 5 日指出，政府英文入口網及外交部官網，受到大量來自中國、俄羅斯等地 IP 連線攻擊，意圖癱瘓網站運作，惡意連線次數最高達每分鐘 1 億 7,000 萬次。

8 月 6 日晚間，民視新聞台 YouTube 直播訊號被插入反台獨畫面及歌曲〈我和我的祖國〉，影片於事發後兩分鐘移除。8 月 7 日晚，該頻道直播畫面被換成「歡迎台灣同胞早日回大陸，領略祖國大好河山」字樣搭配大陸各地風光，此次遭駭時間長達 5 分鐘。

觀察這次裴洛西訪台的認知作戰，前期一樣先鋪陳陰謀論，誤導民眾相信裴洛西是因為收錢才來台灣。後期結合了網路駭客攻擊，是比較新的操作手法。比起關西機場事件使用的是中國帳號來發文，裴洛西訪台已經開始出現台灣 IP，透過駭客攻擊掩飾發文者真實身分。

中國進行認知作戰的單位有很多個，早期多半各打各的，甚至還會相互競爭資源。從裴洛西訪台資訊操作手法，需要眾多部門合作無間，有的負責放假消息、有的負責入侵網站、駭客攻下帳號之後再交由不同單位放假消息，可以觀察到中國認知作戰單

位已經從競爭改為合作，必須視為一個警訊。

在裴洛西來台之後，我們也觀察到，發生在 2023 年多起攻擊事件，利用駭客攻擊的手段應用在認知作戰上，目的是為了散布恐懼，創造台灣資訊系統不安全的印象，並且製造社會紛亂。更進一步，攻擊方也可以「偽造」駭客入侵的假象，來散布不實訊息。在裴洛西來台之後，我們也觀察到，發生在 2023 年多起假文件外洩的攻擊事件，包含巴拉圭、美國生物實驗室等。也有混雜過往真實外洩的台灣人民個資，假冒某政府單位祕密監控人民的資料，丟上暗網拍賣，同時透過新聞操作來引起話題和社會關注。

除此之外，入侵台灣超商電子看板使用的是簡體字，可能的情況是中國政府想要「在台製造事件、中國內宣使用」。另外像是在裴洛西來台期間，中華統一促進黨和「白狼」張安樂的一系列抗議活動，都成為中國政府在中國國內網路空間強力推播、製造熱度的素材，明顯經人為操作後登上中國社交平台的熱播排行。

在裴洛西來台相關的中國官方資訊操作中，「俄羅斯媒體」的角色首次浮現。除了在 X（前 Twitter）以大量假帳號張貼華語錯假資訊外，也透過俄羅斯官媒「今日俄羅斯」（Russia Today）大量傳播英文版的不實訊息。

在台灣蛋荒下的資訊操弄？

　　從 2022 年開始，受禽流感與飼料漲價的影響，台灣的雞蛋供應減少，零售價急遽上升，形成市場缺蛋潮。為此，農業部自 2023 年 3 月進行專案進口雞蛋與補貼政策。根據台灣民主實驗室在調查中[15] 發現，台灣匿名政治評論粉專使用台灣媒體與政治人物的報導和評論，製作以上故事的大量迷因圖文，經由可疑個人帳號分享至各大社團。另一方面，我們發現具有協同性的不實或可疑帳號，將迷因圖文加上特定詞組的 hashtag 如：「# 台農董座 # 涂萬財 # 巴西臭蛋 # 農業部 # 陳吉仲」等，分享至反民進黨公開社團。

　　中國官媒則等到風向在台灣大致確立後，於微博建立熱門話題，為此事件定調。同時可以發現，Facebook 上疑似境外匿名粉專，如「政事每天報」、「每日資訊速報」、「熱點新聞報」、「話仙」、「新聞一起看」等，皆以迷因圖文的方式，強調政府進口會致癌的毒雞蛋，並試圖以相關 hashtag 增加內容的曝光度，例如「# 進口蛋」、「# 毒雞蛋」進口等，且透過不實帳號將貼文

分享至各大公開社團。

　　此事件的手法在於，起初為台灣內部的政治攻防，台灣匿名政治評論粉專和有協同性的不實或可疑帳號，提升議題的討論度，中國藉此機會以官媒和社群媒體帳號，增加民眾對食品安全的恐慌。

分享「# 台農董座 # 涂萬財 # 巴西臭蛋 # 農業部 # 陳吉仲」和迷因圖的協同帳號。

15　台灣民主實驗室，〈2024 台灣選舉：境外資訊影響觀測報告初步分析〉（https://medium.com/doublethinklab-tw/2024- 台灣選舉 - 境外資訊影響觀測報告初步分析 -fe7f819aeabd）。

中國認知作戰
真的會對台灣選舉產生影響嗎？

　　台灣民主實驗室為了監測 2024 年總統大選的境外介選，從 2023 年夏季起，邀集事實查核組織、研究單位、學者與公民社會團體等合作，成立「境外影響選舉觀測平台 Foreign Interference MHub」，以整合民間資源與分析能量，共同投入境外資訊操弄與干預（Foreign Information Manipulation Interference, FIMI）。

　　整體而言，根據民主實驗室進行的選舉調查 [16]，民進黨的支持者對於台灣現今的民主制度感到高度滿意，民眾黨則有五成支持者感到滿意。另一方面，國民黨的支持者卻有近七成對於台灣民主制度不滿。

　　對於台灣民主現況不太滿意、對台灣選舉制度信任度較低的受訪者，較可能相信關於國內政治與公共事務的負面敘事，包含「台灣社會存在非常嚴重的司法不公問題」、「台灣政府容忍詐騙集團」、「台灣政府讓特定公司受惠，提供公民劣質疫苗與受

汙染的雞蛋」、「執政黨深陷政治醜聞與貪汙」、「執政黨與共產黨無異」、「台灣缺乏言論自由」、「執政黨是錯假訊息的主要製造者」等。

對於疑美論的認同程度，也與對國內事務的負面論述呈現相似趨勢，諸如「美國只想剝削台灣」或「美國絕對不會派遣軍隊援助台灣」等敘事，與台灣民主滿意度及對台灣選舉制度的信任度呈現中度至高度負相關。換句話說，**對於台灣民主滿意度較低的受訪者，往往更加支持疑美論。**

平均而言，與疑美論相關的論述都有接近五成的民眾處於同意的區間內。其中，民進黨支持者普遍超過八成不認同這些論述，而國民黨與民眾黨最為認同的疑美論論述是「美國不值得相信，只想掏空利用台灣」，分別有超過八成與接近七成的支持者偏向同意這個論述。

接收政治與公共事務相關訊息的管道選擇抖音、微信與小紅書者，較傾向於相信於這些敘事。在調查中，我們也看到「網路影音內容創作者」與「社群平台的 KOL（網紅）或粉專」，在政治與公共議題的影響力日益增強，與 2022 年九合一選舉的調查（21.8%）相比，增長了約 18% 至 40% 左右。可見我們不要低估網紅對於輿論或觀點形塑的影響力。

有關於網軍操作與假新聞，執政黨／民進黨仍舊被為數不少的民眾認為是主要製造者（全國電訪 26.6%，桃園市出口訪調 36.55%）。相較於 2022 年九合一選舉的全國網路調查，略微增長了約 3%。可見隨著時間演進，越來越多人認為認知作戰的幕後推手是執政黨。

此外，認為虛假訊息來源是民進黨者，傾向認為民進黨應該要替兩岸關係緊張負責，並覺得台灣政府缺乏足夠的軍事防衛。此外，他們也傾向認為，烏俄戰爭之所以爆發，美國與俄羅斯都需要負同等責任。

進一步分析哪些陰謀論敘事對於台灣民主滿意度造成更大的影響，台灣民主實驗室發現，包含操作對特定政黨的負面情緒、在緊急情況下的民生問題，以及觸及腐敗的相關敘事，都會大幅削弱公眾對於政府和民主制度的信任與滿意度。

藉由陰謀論敘事，民眾的認知偏見不斷被強化，導致更高的社會對話成本。整體來看，台灣不同政治傾向者之間，在不同議題上的觀點，仍舊存在巨大的差異與極化的現象。

16 台灣民主實驗室，〈2024 台灣選舉 ── 越趨極化的台灣政治：陰謀論敘事與認知偏見的建構〉（https://medium.com/doublethinklab-tw/2024-台灣選舉-越趨極化的台灣政治-陰謀論敘事與認知偏見的建構-ac2f1ae5183d）。

台灣民主實驗室，〈2024 陰謀論敘事對選舉影響：全國性電訪數據公告〉（https://medium.com/doublethinklab-tw/2024-陰謀論敘事對選舉影響-全國性電訪數據公告-4416ded6adc8）。

台灣民主實驗室，〈2024 陰謀論敘事對選舉影響：桃園市出口訪調數據公告〉（https://medium.com/doublethinklab-tw/2024-陰謀論敘事對選舉影響-桃園市出口訪調數據公告-60fa6041bc0a）。

32

中國如何在 Facebook 上進行認知作戰？
我該如何判斷哪些被「炎上」的話題
不是炒作出來的？

中國在臉書上的資訊操作手法，事實上跟商業社群推廣做法很類似，透過大量虛假帳號創造虛假的民意，如東西很好吃、餐廳很棒、產品很好用等，讓更多人信以為真。早年 Facebook 上有許多新聞連結，是中國政府透過內容農場偽裝成新聞網站，這類型的內容農場版型、內文幾乎一樣。文章先被放上內容農場後，再經由 Facebook 粉專去分享。

後來，Facebook 將這類的新聞轉貼觸及率調降，中國便轉為經營大量的社團，並透過社團裡頭的虛假帳號擴散訊息的觸及。這類社團一開始會先以類似可愛動物、心理測驗等輕鬆討喜內容，吸引民眾加入。

舉例來說，在 COVID-19 疫情爆發期間，有兩個支持民進黨的 Facebook 社團，成員各自有 2.5 萬跟 1.1 萬人，卻由 10 多個

中國假帳號進行管理。原本，社團內容多為跟可愛動物有關的內容農場文，吸引動物愛好者，後來卻轉變成支持民進黨的團體。經過 12 個月的潛伏後，這些社團及其粉絲專頁最終成為假帳號分享不實訊息的地方。

整體而言，中國錯假資訊操作者會隨著 Facebook 的演算法不斷地調整及優化作戰策略，求得最大化效應，製造很多人都有共鳴的假象。

因此，要判斷 Facebook 上哪些事件是假帳號操作出來的，觀察「協同性」很重要。舉例來說，一名藝人發言帶有嚴重性別歧視，引發大量網友在底下留言洗版抗議，但如果這些網友彼此間僅有一次交會，反映出來的很可能就是真實的民意。

執行認知作戰假帳號畢竟數量有限，有各種任務需要執行，加上 Facebook 近年來大量下架虛假帳號。因此如果可以觀察到同一批帳號不斷地在同個地方互動，就極有可能是假帳號。

有些人或許會從顯示名稱很奇怪、大頭照可能非真人、鎖好友，或是沒有太多公開內容來判斷，但要小心這會有誤判的風險。因為有些真人為了不願意在社群平台上透露過多個人資訊，確實會刻意使用這類方式來設定個人帳號。

因此要記得，想要判斷是不是機器人或假帳號在洗版，不能光憑帳號外觀，或是只要是短短一小時內湧入 10 萬人留言，就認為背後絕對有網軍操作。畢竟假帳號還是有其門檻，要有手機和 email 才能註冊，絕對不是無限資源，作戰方一定會盡可能重複使用。

33

Instagram 上也會有中國對台灣
進行認知作戰的案例嗎？

Instagram 因為屬性是以圖像為主、文字為輔，早期並沒有可以大量分享的功能的情況下，相較於其他社群平台，比較不適合進行認知作戰，也不常出現公共議題討論。

在 2020 年選舉前，Instagram 曾經在短短一小時內，突然大量出現「宣告我的投票意志」文章。內文討論失業率與台灣政府無能，埋怨台灣經濟都不好了，還要叫大家去投票。

觀察這批帳號，第一波的貼文者大多是按讚數約在 1 萬到 3 萬的小模和實況主，過去鮮少發布政治相關文章，且貼文末都使用「宣告我的投票意志」、「國家賺錢人民分紅」、「我要好薪情」三個標籤，並在被揭露之後大量刪除，「宣告意志」更不是台灣民眾日常慣用語言。

我要怎麼知道 YouTube 上有認知作戰？

YouTube 頻道的異常可以從幾個面向觀察：觀看數、訂閱數、捐款連結、留言，以及讚數。異常的頻道不見得和中國有直接關係，但中國政府可以透過洗留言、衝人數、海外捐款與透過公關公司操作等方式介入。

有認知作戰痕跡的頻道通常會大量散布選舉相關的爭議訊息，且在讚數出現異常現象。舉例來說，有時一支影片會有上千個讚，有時候卻一個讚都不會有。許多頻道訂閱數可能未破千，但直播觀看卻可破萬，不符合一般比例常態。

在 YouTube 平台上，觀看流量上上下下屬於正常現象，不一定絕對有認知領域作戰痕跡，但如果特定頻道的流量過於「穩定」甚至出現訂閱數「穩定增加固定數字」，或是每個禮拜都會固定增加一定數量的粉絲，這種現象就可以被視為真正的異常指標。

除此之外，由於 YouTube 直播可以捐款，因此有大量的直播者可以藉此取得收入。觀察有認知作戰介入的可疑之處在於：第一，部分直播者提供的捐款連結為支付寶與微信支付，並非台灣慣用的支付方式。第二，根據網路平台 Playboard 的資料，以 2019 年為例，台灣直播主在 YouTube 內建捐款排行榜中，前九名就有六名為支持韓國瑜的直播主，另外兩名為批判執政黨的頻道，一名為財經頻道，第十名為著名網紅「館長」。

　　反觀台灣其他訂閱數百萬級以上的 YouTuber，皆榜上無名。這些數據搭配觀看數、訂閱數等，皆難謂為網路自然現象。

　　相較於其他社群平台，YouTube 的影片演算法極端化，會根據用戶所觀看過的影音內容關鍵字，大量推送相似的頻道。因此，中國政府會創造很多頻道、培養大量親中 YouTuber，甚至還有專門在經營 YouTube 網紅的公司，產出的內容基本上都大同小異。

　　除此之外，也會透過帳號在外媒的頻道底下大量的留言洗評論。以新疆棉事件 [17] 為例，可以看到許多在底下留言的帳號，創立時間點都很新，但因為 Google 的隱私保護政策，我們無從得知這類帳號是真人還是機器人，也可以說是小粉紅在新疆棉事件時翻牆。

對於 YouTube 的捐款模式，社會需要去思考的是，我們的原則跟底線在哪裡？民主社會裡頭，每個人都可以對公共政策發表討論，但公眾是否可以接受 YouTuber 的捐款和收益來自於敵對的國家？

17　新疆棉花遭西方媒體與智庫研究揭露，為強迫維吾爾族勞動生產而來，引發「血棉花」爭議，瑞典品牌 H&M 因公司政策決定禁止使用新疆棉，隨後引發中國一系列抵制 H&M 行動。

中國如何透過 LINE 對台灣進行認知作戰？

　　根據 LINE 公司報告，LINE 在台灣的流量平均一日為 93 億則訊息，是台灣民眾主要接收訊息的來源之一。在這個台灣相當重要的訊息傳遞平台上，以 2020 年選舉為例，用戶回報出現在 LINE 上的錯假訊息是 2018 年九合一選舉的兩倍。

　　以 2019 年 12 月 30 日為例，其中文字類訊息約占 76%，圖片與影音約占 24%。影音中約 60% 為中國內容農場影片或抖音影片。若比對現有闢謠組織 MyGoPen 資料，其中 45.44% 為假新聞。

　　簡而言之，LINE 群組已成為國人吸收假訊息的重要來源之一。LINE 群組之間廣傳的假訊息，通常會有逐漸趨緩的趨勢，例如詐騙的謠言。根據緊急性或內容強度，一開始會緩慢增強或陡坡上升，隨後會因為政府、民間或媒體闢謠而漸漸趨緩。再過一段時間才又會開始廣傳，平均以兩個月或三個月為週期，呈現一個波浪的頻率。

然而，從 2019 年 10 月開始出現的政治類謠言卻完全不同，它不會因為闢謠而減緩，也不會突然增加，而是跟某些 YouTube 頻道相同，穩定地在特定日期發布。許多簡體字政治類謠言也會「自行爆發」，之後又「突然中止」，缺少穩定增加或減少的跡象。

在 2020 年選舉之後，Facebook 出現大量「作票」影片，並在 LINE 群組以 YouTube 或 Facebook 影片瘋傳。然而，在選舉過後一個禮拜內，這些群組開始出現大量退潮現象。

舉例來說，某個政治群組在選舉過後，會從 200 人群組瞬間退成剩 40 人。溯源後發現，選舉作票的陰謀論並非在選後才由支持者群組出現，而是在 12 月 13 日至 12 月 18 日時，以微信、微博的文字類形式呈現。並出現「做票[18]」、「大曝光」、「大暴光」、「沒收選舉」等非台灣用語關鍵字，並為「中評社」、《人民日報》、「鳳凰新聞」引用，最終以影片或文字形式散布至 LINE、YouTube、Telegram 和 Facebook 等平台。

也就是說，這類謠言早已在選舉一個月前做好準備，並在選後當天直接爆發。截至 2020 年 8 月 18 日，此類謠言成為主要的陰謀論，並在罷韓、高雄市長補選等選舉時不斷出現。

18　中國謠言使用「做」而非「作」。

中國如何在 X 平台上
對台灣進行認知作戰？

　　X（前 Twitter）平台的特性是大多數內容都是公開，包含留言與按讚都是。在 X 上要串聯，必須大量依賴 hashtag，因此中國政府在進行協同資訊操作時，會使用特定的 hashtag。除此之外，中國官方也花了非常多時間在經營，尤其是外交體系包含大使館、外交官等，都有 X 帳號，目標對象是英文閱讀者，絕大多數是海外華人，讓他們相信大外宣的內容。

　　由於 X 不像 Facebook，沒有社團或粉專功能，必須要靠大量的追蹤數累積關注值，才能創出流量。也因為在 X 平台上，誰關注誰是公開的資訊，所以相關的資訊操作會留下公開的痕跡，增加研究人員追查的指標。例如，許多網軍集團為了讓整群帳號衝高流量，會互相追蹤，因此這些帳號會有追蹤數量和被追蹤數量幾乎相當的特徵。如果一群帳號符合越多這類造假操作的痕跡跟指標，研究人員就越有信心判定為資訊操作。

大多數時候 X 會被中國認知作戰拿來爆料，許多假公文、疑似暗網資料，第一時間會被放在只有十幾個人追蹤的 X 上。原始文章雖然很快就被刪除，但會搭配有人截圖爆料，變成新聞炒作素材。

　　也因為 X 有字數限制，加上英文使用者為主，一開始中國在 X 上的操作成效比較差，通常只會觀察到假帳號相互分享，訊息沒有擴散出去。馬斯克（Elon Musk）收購 X 後取消了字數限制，也解散了內部追查網軍的團隊，中國在 X 上的認知作戰開始比較成功。

TikTok 和抖音為什麼危險？
政府該禁止嗎？

　　美國新思考基金會（Reboot Foundation）在 2023 年 4 月 30 日曾發表一個研究 [19]，顯示常玩海外版抖音 TikTok 的年輕人，有高達 64% 認為，如果在「投票權」跟「抖音」兩者必須放棄一個，他們寧可放棄投票權，也要繼續玩抖音 [20]。

　　和其他社群平台相比，抖音的演算機制更像毒品，與其直接禁止抖音，或許我們更應該做的事情是，加強台灣人的數位韌性，讓民眾理解到中國的危險，才是根本的解決問題之道。

　　隨著越來越多年輕世代沉迷於抖音，加上抖音上許多內容掌握在中國官方手中，如果只是把禁止抖音當成直接的解方，一定會帶來反效果。首先，禁止使用抖音會涉及言論自由問題。再來，政府必須清楚的說明，禁止抖音的理由是什麼？如果是要禁止人民在社群平台上張貼親中言論，事實上這些言論不一定只能放在抖音上，而是在哪裡都可以放。

如果理由是因為資訊安全或演算法，那這樣大量的中國手機遊戲都應該要禁。為了禁止的理由，很可能台灣社會就會落入了細節之爭。

　　台灣民主實驗室認為，與其直接禁止抖音，我們應該要要求抖音公司在台灣設立分公司，一旦落地之後，我們可以根據銀行法、稅法等台灣法律規範抖音的金流。遇到疑似資訊操作情況時，有在地的窗口可以溝通。

　　抖音的根本問題在於它將言論市場資本化，透過演算法來決定哪些言論可以被多數人關注，根據的是自身利益而非公共利益。而抖音最大的隱憂，就在於中國政府與中國共產黨能透過法律和政策介入中國企業和社群媒體的運作，要求內容審查、調整演算法，確保平台上的內容符合他們維穩、統戰和意識形態。

　　我們可以接受民主社會公共辯論發生在以營利為主的私有單位，但如果發生在對手國家可以操控的平台上，讓民眾的個資與討論空間變成了私有平台的資產，這樣等於將我們自己民主社會的公共政策討論，交到有併吞企圖的國家手上，也讓對方進行認知作戰更便宜、更方便。

19 〈抖音挑戰：抑制社交媒體對年輕心靈的影響〉（The TikTok Challenge: Curbing Social Media's Influence on Young Minds）（https://reboot-foundation.org/wp-content/uploads/2023/04/Tiktok-report_Reboot-Final.pdf）。

20 關於該報告的摘要，引用自陳豐偉醫師的文章：https://reurl.cc/3XKYqX。

第四部

中國大外宣的力量

多年來，中國不斷增強接觸和影響海外中國僑民社區的策略。整體而言，華裔受訪者更傾向認同親中共政治宣傳。尤其是對於政府領導能力、種族關係和種族主義感到擔憂的人，以及對於所居住國家認同感較弱且歸屬感低落的人，更容易相信中國的大外宣。

除了台灣，
中國也有對其他國家進行認知作戰嗎？
目的又是什麼？

　　當然有，中國對世界上許多國家都有進行認知作戰。根據台灣民主實驗室的研究，包含日本、菲律賓、印度、馬來西亞等印太地區國家，都可以明顯看出有中國認知作戰的痕跡。台灣民主實驗室與印太地區夥伴在 2023 年 10 月 1 日至 2024 年 2 月 27 日期間，就觀察到了 32 起境外資訊操作事件，主要的攻擊者都是中國。

　　對於中國政府而言，美國是最大的勁敵，透過認知作戰，中國希望能夠動搖世界各國與美國的關係，影響當地民眾對於政府的信任度，讓越來越多人相信，中國共產黨才是比美國更好的政體。

　　舉例來說，日本跟台灣同樣是位處太平洋第一島鏈國家，與美國在軍事、經濟等方面關係緊密。中國藉由認知作戰讓日本民

眾對於政府產生不信任感、動搖與美國的關係，一旦戰爭開打，有機會引發日本國內民怨，讓人民不願意政府與美國站在同一陣線協防台灣。

而在菲律賓，中國則是帶風向，指控是美國惡意煽動，挑起南海島礁主權紛爭。由於美軍在菲律賓設有許多重點軍事設施，透過在地協作者或親中人士散布「美國不可信」的謠言，目的也是為了讓侵略台灣變得更加容易。

另外像是在馬來西亞與印尼等有伊斯蘭教徒的國家，中國會透過邀請印太地區外交單位參訪，再藉由當地媒體大肆宣傳，呼應中國官媒，強調中國政府尊重宗教自由，沒有西方媒體所揭露的迫害伊斯蘭教徒問題。

整體而言，中國在印太地區國家進行認知作戰的主要敘事，不外乎告訴人們：當地政府既貪腐又無能，只會欺騙老百姓；美國很危險不值得信賴，為了自身利益在印太地區引起動亂。

和在台灣相比，
中國在其他國家
發動認知作戰模式有哪些不同？
中國容易面臨哪些困難？

一開始通常是透過中國官方媒體發表文章，再由海外華人在微信等社群發布消息；或是與當地的公關公司合作，連結地方上的政治人物、名嘴、智庫等，讓他們去發表各種親中的言論。除此之外，中國駐在當地的外交單位，也會透過發文章、辦活動等方式，吸引中國駐地與當地媒體報導。隨後再分享到華人社群或粉專、YouTube 頻道等，並翻譯成當地語言版本再發一次。

在台灣民主實驗室與協力夥伴在 2023 年 10 月 1 日至 2024 年 2 月 27 日期間蒐集到了 32 起境外資訊操作事件中，就有 22.1% 與中國官媒或親中媒體有關。Facebook、X 和微博則是最常被用來發布陰謀論或錯假資訊的管道，約占 63.9%。近期也經常使用短影音的形式來吸引目標攻擊對象。這些都與過去我們觀察到中國對台進行認知作戰的手法類似。

由於文化和語言相近的原因，讓中國在對台灣進行認知作戰時有其優勢。這也讓中國在其他國家做政治宣傳時，必須仰賴在地協力者突破文化和語言的限制。

烏俄戰爭中有哪些認知作戰痕跡？
中國與俄羅斯分別扮演什麼角色？

　　2022 年 2 月 24 日，俄羅斯總理普丁宣布對烏克蘭採取特殊軍事行動（special military operation），與此同時，數位資訊戰也正如火如荼地展開。當天，英國媒體 The Expose 報導一名為 WarClandestine 的推特帳號，聲稱美國在烏克蘭境內設有用於研究生物武器的生物實驗室。經法國醫療網站 Health Feedback 的查核報告顯示，The Expose 多篇內容都被認定為錯誤、缺乏實證依據或曲解原始資訊，也是許多事實查核組織認定為長期散布疫苗錯誤資訊的網站之一。

The Expose 報導美國在烏克蘭設置生物實驗室。

隔日，俄羅斯戰略文化基金會也引用該篇報導，宣稱俄羅斯為達成去納粹化的目標，已摧毀了「美國在烏克蘭設立的生物實驗室」。該基金會曾被美國國務院指出隸屬於俄羅斯聯邦對外情報局（SVR），目的是為了建立全球假訊息網站和組織網絡。

　　中國方面，2 月 25 日當天，分別在微博和微信出現相關文章，宣稱俄羅斯正在清理烏克蘭「祕密生化武器實驗室」，並在接下來幾天陸續由《環球時報》、「環球網」等官方媒體轉發報導，內容從「美國擔心危險病原體在烏克蘭的實驗室遭洩漏」到「美國在全球設置生物實驗室研發生物武器與危險病毒」，相關消息甚囂塵上。中國外交部發言人更於 3 月 8 日的例行記者會上，公開要求美方對烏克蘭境內生物實驗室做出回應，將此陰謀論提升至官方層級。

　　台灣民主實驗室彙整自烏俄戰爭開戰百日以來的重點中文資訊操作觀察，「美國在烏克蘭建立生化實驗室」是中國官方與主流愛國媒體最為常見的敘事主題，也是其用以合理化俄羅斯入侵烏克蘭的理由之一。

　　這項陰謀論的傳播模式大致可分成三種，一、由數個粉專間的互相分享；二、粉專發文再透過其他粉專和個人帳號分享至社團；三、由陰謀論製造者發文透過其他可疑帳號分享至社團。

第一種模式為群體內的粉專之間短時間內分享原始貼文，但僅限於相關粉專，並未有個人帳號協同。第二種模式一樣是經營網站的內容擴散，但是會使用個人帳號在短時間內協助分享，且有其特定的模式，例如先以少數粉專發文，再規律地透過另一粉專分享貼文，或是透過其他個人帳號分享至特定社團。

台灣民主實驗室認為，上述兩種主要可能是相關內容網站經營者，透過同時經營其他粉絲專頁，或主動散布到目標閱聽觀眾的社群，以吸引流量、擴散內容的手法。

然而，第三種模式則有所不同，為大量可疑帳號透過將內容農場、媒體、粉絲專頁或假帳號所製造的陰謀論，以疑似自動化的方式，在極短的時間內、大量重複分享至各種目標社團；並形成緊密的網絡關係，讓粉專的追蹤者與社團內的成員頻繁且迅速地接觸相關資訊，並試圖讓閱聽者產生網路上熱絡討論的印象。

從俄羅斯所主導的認知作戰來看，我們可以發現許多與中國對台灣雷同的操作手法。舉例來說，俄羅斯打從過去十幾二十年開始就不斷地宣稱：烏克蘭是我們的小兄弟，我們說著同樣的語言、身上都流著基輔羅斯人的血液。近幾年來更新的說法則是：俄羅斯從古至今都是一個國家，只是經歷了不同的階段。

除此之外，開戰前烏克蘭的面積足足是台灣的 16 倍有餘，卻常常被俄羅斯描述成小國家。就像台灣明明面積是捷克的兩倍，比歐洲許多國家還大，擁有 2,300 萬人口，是世界 20 大經濟體之一，卻不斷地被中國洗腦成小國。讓許多民眾深信，因為我們又小又弱，如果沒有依賴中國這個強國，是無法獨立生存的。當越多人如此相信，我們越覺得台灣無法跟中國對抗。

　　為了洗腦烏克蘭民眾，俄羅斯也利用烏克蘭商人，買了烏克蘭境內的三家媒體。在俄羅斯開戰前，同樣地在世界各地散布假訊息，包含烏克蘭正在往極右派靠攏，是美國在北約想要擴張影響力的棋子，甚至造謠烏克蘭有納粹分子。這些訊息大量地在土耳其、印度、德國等地傳播，目的是希望降低這些國家對於烏克蘭的支持，在戰爭開打時，讓他們不願意協助烏克蘭。

　　這樣的手法就像是中國很愛到日本、菲律賓或泰國等地去講：兩岸紛爭台灣才是挑釁的一方；例如攻擊黑熊學院培養台灣民兵、造謠台灣有納粹分子前往烏克蘭等。希望透過這類的敘事，影響當地的民眾與政治人物，讓他們不要支持其政府協防台灣。

　　整體而言，俄羅斯對烏克蘭的網路攻擊可分成三大類，一是蒐集情報，二是攻擊網站基礎設施，三則是散布假消息。尤其在戰爭開打初期，假消息放得最多。在 2014 年之前的烏克蘭，仍有

多數人相信戰爭不會發生，當時的情況就很值得台灣作為借鏡。在 2014 年克里米亞危機[21] 爆發後，烏克蘭人民的敵我意識瞬間提升，可惜台灣目前許多人連敵人是誰都還搞不清楚。

21　俄羅斯於 2014 年 2 月 20 日至 3 月 18 日入侵烏克蘭，占領並逕自宣布吞併克里米亞半島，並旋即建立克里米亞聯邦管區，下設兩個聯邦主體——克里米亞共和國和塞瓦堡。該事件隨後引爆了更為血腥慘烈的頓巴斯戰爭，同時也被視為是烏俄戰爭的開端。

日本排放核廢水事件中，
中國如何透過境外資訊操作帶風向？

　　2023 年 8 月 24 日，日本政府依照老早就已排定好的時程，排放經處理過的福島核電廠廢水。事件經中國外交部對外表明立場後，中國官媒包含「央視」與「新華社」開始大幅報導，並引述 2012 年德國海洋研究中心（GEOMAR Helmholtz Centre for Ocean Research Kiel）發表的一份報告，宣稱日本核廢水中的放射性物質會在 57 天內汙染太平洋海域，並在十年內擴散到全球海域，用其攻擊日本排放核廢水會造成海洋被汙染，民眾將有毒的海鮮吃下肚，試圖煽動國內外的仇日情緒。

　　中國主流愛國媒體包含「鳳凰衛視」及「觀察者網」則報導，日本核廢水將在 240 天內抵達中國沿海，並於 1,200 天後覆蓋整個北太平洋。經中國媒體報導後，很快地馬來西亞當地的華文媒體也開始跟進，馬來西亞發行量最大的華文媒體《星洲日報》甚至刊登一篇題為「日本核廢水入海，海洋史上黑暗的一天」的社論，重申了中國官方立場，並強烈譴責日本政府將自身利益置於

海洋安全與全球人民的福祉之上。

除此之外，社群媒體上出現網紅張貼類似的訊息。如 X 上追查到一批新註冊的假帳號，利用標籤「#Nuclearwastewater」和「#nuclear」發布同樣的貼文，目標是希望提升訊息的能見度。

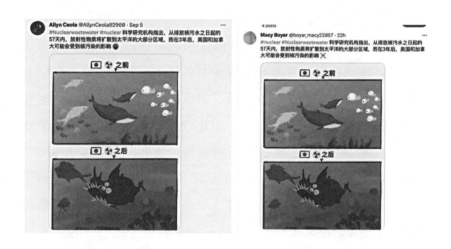

藉由這一波操作，中國試圖將輿論導向仇視日本政府，在那段時間，日本生魚片開始變得便宜，同時中國的海鮮也跟著重傷，微博上甚至有人貼出地圖，標示中國在哪些地方也有排放核廢水，一度造成當地民眾恐慌。

中國如何透過認知作戰
影響菲律賓與美國的關係？

　　中國在印太地區的認知作戰，經常以譴責美國作為目標導向。舉例來說，2023 年 4 月 14 日，中國駐菲律賓大使黃溪連在中菲馬尼拉論壇開幕式中演講，抨擊菲律賓與美國簽署的《加强防禦合作協議》（Philippines-US Enhanced Defense Cooperation Agreement, EDCA），將會讓美國得以使用菲律賓的軍事基地。

　　他並極力譴責，美國與台獨勢力的勾結，是造成海峽兩岸關係緊張的根源，而中國不會放棄透過武力擊敗分化行動。黃溪連同時呼籲菲律賓政府，如果真心在意在台灣工作的 150,000 名菲律賓籍移工，就應該要明確反對台灣獨立，而不是在台灣海峽附近開放軍事基地，對於目前的台海關係無疑是火上加油。

　　事後，中國媒體在報導時，刻意省略了黃溪連激烈的措詞後外界給予的負面回應。菲律賓媒體則如實記載了事件現場談話。隨後，中國在菲律賓當地發行量最大的中文報紙《世界新聞報》，

指責菲律賓國防部和台灣中央社曲解了黃的發言。

　　除此之外，一名宣稱是智庫負責人的親中輿論撰稿人也發文指出，菲律賓媒體惡意曲解黃的談話，稱其是合理的建議卻被解讀為充滿敵意。

菲律宾以15万劳工为借口干涉台海，中方警告：真关心就反"台独"

宋杰教授　2023-04-17 16:27 湖北　君心计划创作者·浙江工商大学法学院教授·优质国际…

中方大使替菲说话！菲不仅不领情！反而发声明：反对武力收台！

威龙观察家　2023-04-18 17:29 天津

恶意曲解中国驻菲大使的讲话，菲媒称战时将为美军提供后勤支持！

杉石　2023-04-19 16:32 辽宁　国际领域创作者

　　而在 2023 年 7 月 12 日，在中菲西菲律賓海仲裁案做出對菲律賓有利的判決七週年時，中國外交部發言人王文彬在記者會上重申，中國不承認這項判決，一切都是美國與菲律賓炒作出來。王文彬同時重複了一項未經證實的說法，指全世界約有 100 個國家支持中國立場。

記者會後，「新華社」等官媒隨即報導了中國外交部的聲明，包含未經證實的說法。後續跟進的中文報導還刊登了中國駐馬尼拉大使館的聲明，內容也與中國外交部一致。與此同時，《環球時報》發表社論，譴責菲律賓炒作話題。文章轉貼到社群媒體上時，強調這項仲裁是「美國為了誹謗與打壓中國而上演的政治鬧劇」，背後的政治目的是為了奪回美國霸權。

Philippines makes high-profile hype over illegal S.China Sea arbitration ruling attempting to recapture the US' hegemony in region: experts

By GT staff reporters
Published: Jul 12, 2023 10:46 PM

US, South China Sea Illustration: Chen Xia/GT

中國《環球時報》的報導。

印度為何成為中國認知作戰攻擊的目標？

中國和印度長久以來一直在爭奪世界工廠的位置，受到地緣政治影響，雙方關係不時緊張。2023 年 5 月 7 日，中國西南政法大學訪問學者程希忠將印度曼尼普爾邦（Manipur）的衝突，歸因於印度總理莫迪（Narendra Modi）對於少數民族與宗教的鎮壓。這樣的敘事被巴基斯坦媒體 Pakistan Today 報導。

曼尼普爾邦是印度東北部的一個邦，儘管中國未曾正式主張曼尼普爾邦的主權，但在許多中國媒體上，經常將曼尼普爾邦稱為「小中國」。這樣的說法最早可以追溯到 2015 年，中國駐印度大使曾以中文撰文，稱讚曼尼普爾邦的美麗，以及其連結印度東北部和其他地區的脆弱性。他在另一篇文章中則提到，曼尼普爾邦就像是小中國，人民渴望著與印度分離。

自從印度在 2022 年 12 月接任 G20 高峰會主席國，中國社群平台上開始出現大量的愛國小粉紅，發表貶低印度的言論，試圖破壞印度擔任主席國的形象。

由於 G20 高峰會在 2023 年 9 月 9 日和 10 日在新德里舉辦，這類言論在 8 月 30 日至 9 月 7 日期間不斷出現。敘事手法包含印度政府具有侵略性、對於喀什米爾缺乏合法權力等。

　　這類的虛假訊息通常已行之有年，尤其每當中印關係衝突升級時，中國就會製造更多類似這樣的訊息，試圖詆毀印度政府，影響更多群體被捲入衝突之中。

中國的大外宣真的有效嗎？
哪些人容易受影響？

　　打從 2018 年開始，中國的海外中國事務辦公室被納入統戰部，多年來，中國不斷增強接觸和影響海外中國僑民社區的策略。根據台灣民主實驗室 2022 年在紐西蘭和馬來西亞進行的調查[22]，發現整體而言，華裔受訪者更傾向認同親中共政治宣傳。尤其是對於政府領導能力、種族關係和種族主義感到擔憂的人，以及對於所居住國家認同感較弱、且歸屬感低落的人，更容易相信中國的大外宣。

　　在馬來西亞和紐西蘭的中國僑民社區中，對於親中共宣傳的認同程度存在顯著的差異。馬來西亞調查結果顯示，中國華僑受訪者年紀越大，越有可能認同親中共宣傳。然而，在馬來西亞的非華人受訪者中，年輕人似乎更可能相信親中共宣傳。

　　對中華人民共和國（PCR）的態度方面，調查結果發現，在紐西蘭，中國受訪者對 PCR 最有好感，而非華人受訪者則以沒有

好感占多數。在馬來西亞，華人／華裔受訪者對 PCR 最有好感，而馬來人受訪者則最沒有好感。

　　在兩個國家中，華人受訪者如果有使用中文或中國媒體的人，更傾向於認同中國的大外宣。在媒體形式方面，在紐西蘭的華人受訪者中，那些從中文社交媒體獲取新聞的人更傾向於認同宣傳，而在馬來西亞的華人受訪者中，則是那些使用主流媒體的人。

22　台灣民主實驗室，〈拆解大外宣的力量：觀察海外華人對親中共論述態度的歸因〉（https://medium.com/doublethinklab-tw/ 拆解大外宣的力量 - 觀察海外華人對親中共論述態度的歸因 -cd5f8b3f46d8）。

對於來自中國的認知作戰，
國際間可以如何反制？
台灣有哪些可以借鏡之處？

台灣民主實驗室認為，國際間必須透過串聯合作與資訊共享，幫助彼此更加了解中國認知作戰的手法，提高研究人員的追查能力。

台灣受限於中國的壓力，在很多時候無法參加國際組織與相關會議，但隨著越來越多國家關注來自中國的認知作戰，台灣身為中國認知作戰的第一線，也是國際研究中國影響力的核心，我們可以透過研究網絡增加許多國際戰友，攜手防禦來自中國的錯假資訊。

只要越來越多國家加入反制威權國家認知作戰的陣營，我們就越有力量可以去要求大型國際社群平台制定與強化不實資訊操作的規範，下架用來推動認知作戰的假帳號。

至於台灣，我們可以從國際上許多知名案例，包含烏俄戰爭中俄羅斯的攻擊手法、美國總統大選如何受到境外資訊操作的影響，回望台灣目前處境，教育民眾建立敵我意識。

　　以前面篇章所提到的中國灰色地帶作戰為例，當菲律賓與日本面對中國在沿海的侵擾時，他們採取同樣的做法是，出動更多的船隻與無人機，從遠方拍攝蒐證，第一時間把畫面傳給國際媒體，讓中國做的醜事完全被暴露在國際的鎂光燈下。同時，也在第一時間讓國內民眾得知，而不是當中國開始帶風向後，再來開記者會闢謠。

　　除此之外，包含澳洲、南韓等國家，都有類似國防安全研究單位或智庫，專門研究中國認知作戰，台灣也需要投注更多能量，從官方到民間一起認識中國的資訊操弄手法。

第五部

如何防禦認知作戰、破解錯假資訊？

防止錯假資訊的傳遞就像是防止病毒的擴散，當社會上有越多人認識到來自境外的認知作戰手法，就如同社會上有越多人打疫苗，錯假資訊被轉傳給更多人接受並影響其觀點的機會，就和病毒傳染機率一樣遞減。

如果社會上多數人都能夠對於錯假資訊有基本的辨識能力，或是在看到煽動情緒、充滿陰謀論、誇大離譜的資訊時，可以先停下腳步思考、做簡單的查證，即使身邊已經很多人轉傳，也不要因此就輕易相信，就有機會能夠防止錯假資訊持續擴大。

面對中國認知作戰，
我們可以如何反制？

認知作戰這件事情其實講白話一點，就是當你已經知道對方要怎麼帶動輿論，你就先把對方要怎麼帶動輿論這件事情講出來，講出來之後對方就會沒辦法帶了。就像是我們告訴大家最近詐騙集團常見的手法是打電話要民眾去 ATM 解除分期付款，這樣下次接到電話有人要你去 ATM 解除分期付款，你當下一定會立刻反應「這是騙人的吧！」。

由於中國的認知作戰鮮少單獨進行，通常會結合經濟、政治、法律層面，在灰色地帶互相搭配作戰。因此在思考如何反制時，也需要從各個層面來通盤考量。

舉例來說，近年來台灣越來越多立法委員或地方縣市首長，宣稱要去中國推動兩岸經濟交流，背景通常是為了替台灣追求更大的經濟利益，所以我們需要跟中國談條件。

於是，台灣的某一種農產品就會在這樣的情況下，大量地銷往中國。當這樣的經濟關係建立起來後，一旦台灣政府做了哪些讓中國不滿的事情，中國就可以以此作為威脅。例如台灣的釋迦可能瞬間從大受中國市場歡迎變成不符合中國的檢驗標準。

這個時候，台灣農民的生計受到影響，輿論極有可能會是：台灣執政黨怎麼會做這種決策，害我們的農產品都賣不出去。這樣的民怨在中國認知作戰推波助瀾下，很快地又會變成「政府都沒在做事」。

這類型的作戰方式是從一個經濟協定出發，再搭配認知作戰變成一種進攻方式，製造出台灣內部許多仇恨。面對這種混合形態的作戰，我們可以怎麼反制？

首先，在立法委員或地方首長還沒出發前往中國時，就先提醒社會大眾，中國政府心裡打的是什麼如意算盤，這樣大家才會先有心理準備。政府不但要告訴大眾中國的作戰手法，還要告訴大家經濟過度依賴中國市場的反作用力。

在這個階段，農民可能會問：如果農產品不賣去中國，那政府可以幫助我們什麼？於是，政府在把輿論擋下的時候，必須同時提出更好的替代方案，讓農民知道，台灣農產品不是只能賣到

中國，政府也可以協助銷售到日本、美國、越南等地。

透過這樣的方式，人民一來可以知道自己還有其他選項，也可以認知到某些政治人物配合中國背後的意圖，不單純只是為了幫助台灣農業。

一旦中國又禁止台灣農產品出口時，人民馬上就會看清楚。也就是說，當政府越透明，越能夠告訴大眾中國的居心，就越能夠有效抵擋風向的帶動。

**網路上許多訊息真真假假，
面對錯假資訊，
有時事實查核組織速度也跟不上，
我該怎麼防止自己陷入認知戰的漩渦？**

　　防止錯假資訊的傳遞就像是防止病毒的擴散，當社會上有越多人認識到來自境外的認知作戰手法，就如同社會上有越多人打疫苗，錯假資訊被轉傳給更多人接受並影響其觀點的機會，就和病毒傳染機率一樣遞減。

　　舉例來說，當社區裡頭十個人裡面只有一個人施打疫苗，另外九個人對病毒沒有建立免疫力，很快地就會依照等比級數的速度讓病毒擴散出去。錯假資訊也一樣，如果多數人都沒有建立媒體識讀（media literacy）能力，看到具有煽動性字眼的訊息，就未經思考很快地轉發、按讚或是留言，就會讓這則資訊快速地被更多人接收或看見。

　　反過來看，如果社會上多數人都能夠對於錯假資訊有基本的

辨識能力，或是在看到煽動情緒、充滿陰謀論、誇大離譜的資訊時，可以先停下腳步思考、做簡單的查證，即使身邊已經很多人轉傳，也不要因此就輕易相信，就有機會能夠防止錯假資訊持續擴散。

台灣事實查核中心提出三大心法[23]，當我們面對激起擔憂、恐慌或憤怒等情緒的訊息時，這類訊息就是可疑訊息，不妨先靜下心來想想：

心法一、傳言指涉的議題／事件／法規，是不是真有其事？

心法二、傳言指涉的議題／事件／法規，有什麼脈絡與背景？

心法三、傳言做出的推論，是否合理？是否有預設的前提？

我們試著用這三大心法，來檢視以下這則傳言案例。

傳言 1
「政府阻擋民間團體購買疫苗，導致疫苗短缺，害人民染疫死亡。」

2021 年 5 月台灣爆發 COVID-19 疫情，疫苗供應不足。民間

團體、企業、宗教團體紛紛表達捐贈疫苗意願。政府表示，疫苗採購需由中央統籌，並訂定相關流程。部分人士質疑政府阻擋民間採購，導致疫苗短缺。政府澄清，並未阻擋，而是希望確保疫苗品質和安全。

心法分析：

心法一、傳言指涉的議題／事件／法規，是不是真有其事？

◎ 政府確實有統籌疫苗採購的政策，但並未完全阻擋民間捐贈。

◎ 當時國際疫苗供應緊張，各國都在搶購，民間採購也未必能保證取得疫苗。

心法二、傳言指涉的議題／事件／法規，有什麼脈絡與背景？

◎ 疫情爆發初期，國際疫苗供應不足，各國都面臨採購困難。

◎ 疫苗採購涉及複雜的國際談判、合約簽訂、冷鏈運輸等問題。

◎ 政府統籌採購是為了確保疫苗品質、安全和公平分配。

心法三、傳言做出的推論，是否合理？是否有預設的前提？

◎ 傳言將疫苗短缺歸咎於政府阻擋民間採購，但忽略了國際疫苗供應不足的現實。

◎ 即使民間成功採購，疫苗也未必能及時到貨，無法立即解決短缺問題。

◎ 傳言預設政府不顧人民死活,但政府也有責任確保疫苗安全有效。

傳言 2
「政府隱匿缺蛋真相,導致蛋價飆漲,民眾買不到蛋。」

2022 年底,受到禽流感、氣候變遷、飼料價格上漲等因素影響,全球雞蛋產量下降。2023 年初,台灣也出現缺蛋現象,蛋價上漲,部分超市、賣場出現缺貨。民眾抱怨買不到蛋,部分人士質疑政府隱匿缺蛋真相,沒有及早應對。政府表示,已積極協調蛋農增產、進口雞蛋,並加強查緝囤積、哄抬價格等行為。

心法分析:

心法一、傳言指涉的議題/事件/法規,是不是真有其事?

◎ 台灣確實出現缺蛋現象,蛋價上漲也是事實。

◎ 但政府並未隱匿缺蛋真相,相關單位都有公布產銷資訊和應對措施。

心法二、傳言指涉的議題/事件/法規,有什麼脈絡與背景?

◎ 缺蛋是全球性問題,並非台灣獨有。

◎ 禽流感、氣候變遷、飼料價格上漲等因素都導致雞蛋產量下降。

◎ 政府的應對措施包括：協調蛋農增產、進口雞蛋、平穩蛋價、加強查緝等。

心法三、傳言做出的推論，是否合理？是否有預設的前提？
◎ 傳言將缺蛋問題完全歸咎於政府，忽略了國際因素和市場機制。
◎ 即使政府及早應對，也無法完全避免缺蛋現象，因為蛋雞產蛋需要時間。
◎ 傳言預設政府故意隱瞞，但政府也有責任穩定民生物資供應。

傳言 3
「新竹棒球場花了 12 億卻蓋出豆腐渣工程，是政府弊案。」

前因後果：
● 2019 年，新竹市政府開始重建新竹棒球場。
● 2022 年 7 月，新竹棒球場重新啟用，但接連發生球員受傷事件。
● 球場被發現多項缺失，如排水不良、場地不平整、設施不完善等。
● 民眾質疑工程品質，批評是「豆腐渣工程」，更有聲音指控是政府弊案。

● 市政府展開調查，並宣布球場暫停使用，進行改善工程。

心法分析：

心法一、傳言指涉的議題／事件／法規，是不是真有其事？

◎ 新竹棒球場確實出現多項缺失，導致球員受傷，這是事實。

◎ 但是否為「豆腐渣工程」，需要專業鑑定，不能單憑觀感判斷。

◎ 是否為政府弊案，需要檢調調查，不能妄下結論。

心法二、傳言指涉的議題／事件／法規，有什麼脈絡與背景？

◎ 棒球場重建工程涉及複雜的設計、施工、監造等環節。

◎ 工程延宕、經費追加等問題，在公共工程中並不少見。

◎ 球場缺失的原因，可能包括設計不良、施工瑕疵、監造不力等。

心法三、傳言做出的推論，是否合理？是否有預設的前提？

◎ 傳言將球場缺失直接歸咎於弊案，但缺乏具體證據。

◎ 工程品質不佳，不一定是弊案，也可能是專業能力不足或管理疏失。

◎ 傳言預設政府貪汙腐敗，但真相需要調查才能釐清。

這些錯假訊息、政治宣傳或陰謀論，背後的產製者雖然是國

家等級的騙子，但來自境外的認知作戰手法，也絕非無窮無限。因此，透過手法公開揭露，讓更多人避免上當，也是可行的反制方式之一。

這就像是早年台灣常見的詐騙手法之一，是詐騙集團假裝成小孩的聲音，打電話給家中長輩，營造出孩子被綁架的假象，騙心慌的大人去匯錢。如果社會上多數人都聽過這種詐騙手法，當詐騙集團上門，我們接到類似電話時，就會多一分警覺，識破詐騙集團伎倆。

如果我們能夠持續地去更新認知作戰的手法，就像警察單位持續揭露詐騙集團手法，讓越多人知道，整體社會對於錯假訊息的抵抗力就越能夠增加。例如中國經常會在選舉過後，釋放選舉不公、有人作票的假訊息，操弄落選一方支持者的負面情緒。當多數人都能夠辨識這樣的認知作戰手法時，攻擊方就越不容易達成其擾亂社會的目的。

台灣民主實驗室研究[24]也發現，面對網路社群媒體上難辨真偽的大量訊息，民眾倍感心理負擔，容易引發憤怒、疲憊等反感情緒。部分民眾轉而選擇對「資訊迴避」，傾向預設可疑訊息為假，一律刪除、拒看，直接阻斷不傳。

雖然這樣的策略可能有助於抑制不實訊息的傳播，但長遠而

言，當越來越多人因對訊息不深究、不查核、也不與人討論，恐讓自己淪為資訊孤島，失去學習新資訊與民主參與的能力，同樣無助於社會發展。

透過焦點團體訪談，台灣民主實驗室發現，採取迴避資訊的民眾，對政治時事關心度與媒體識讀能力上都得顯較低；反之，面對資訊超載卻並無迴避的民眾，對政治時事的關心度較高，並對資訊的識讀及查證上展現部分基本能力。

因此我們認為，要避免落入認知作戰的困境，積極的態度與策略是必要的，其中一個關鍵的根本之道，是規畫如何提升民眾的媒體識讀能力。藉由理解個人對於資訊超載的心理壓力，協助培養媒體識讀能力，塑造友善的對話環境，才得以提升民眾的思辨能力、加強不同觀點的相互交流，有助於深化台灣的民主。

23　台灣事實查核中心，【謠言風向球】〈選舉前夕性別假訊息激發政治對立　三心法避免被牽著走〉（https://tfc-taiwan.org.tw/articles/8421）。

24　台灣民主實驗室與匹茲堡大學社會動力實驗室的林育如教授與鍾文婷獨立研究員，在 2021 年底合作執行了一項以質性調查為主的探索性研究，透過問卷與焦點訪談，深入調查台灣民眾面對網路社群媒體的訊息時，在判斷訊息真假與是否轉傳上所涉及的心理動機，目標在為國內不實訊息的防治提出對策。

身邊親友堅持相信錯假訊息，
我該怎麼與他溝通？

　　想要達成有效溝通，耐心與同理絕對是最重要的。要記得，認知作戰的發動方，就像是受過高度專業訓練的詐騙集團，你我都有可能上當。因此，去訕笑或責罵那些轉發錯假訊息的人，並無助於社會對話。

　　在討論訊息真偽時，沒有人喜歡被說笨、被笑上當了，如果只是單刀直入地指責對方，反而容易造成對方防衛心重、拒絕溝通，尤其在家庭裡頭不同世代，往往因此產生衝突。結果事實不但沒有因此釐清，反而彼此選擇不交談，未來遇到類似事件時，各自選擇相信自己接收到的資訊。

　　在選舉期間，我們觀察到很多議題與敘事，就只是因為是不同政黨的支持者，討論的內容卻是如此地天差地遠。當社會不同群體越來越來以難以討論和對話，長遠來說絕對是對民主的傷害。

要創造一個良好的對話環境，關鍵要素是「把對方放在心上」。一個良好的對話必須涉及同理心、包容和共同的期待——你越能理解與你交流的人，並使你的期望與他們的期望保持一致，你就越有機會和他們交流想法。

舉例來說，當親友傳播假訊息或帶風向訊息時，我們可以先去問對方為何想要轉傳這樣的訊息、詢問他們轉傳時是否知道訊息出處。先去理解對方轉傳此訊息的考量、想法和用意，遠比直接替對方貼標籤，或是指責對方好。

又比如，對方是特定政黨支持者，在我們試圖與其對話時，可以先去理解他們為何會對於特定政黨或特定政治人物的話語深信不疑，與他們的成長脈絡有何關係。

當對話涉及惡意不實訊息，需要要記住的三件事：

● 保持淡定的心態
  明白對話應該要被延續，不要急著在對話上占上風或是取得某種勝利。
● 蒐集訊息
  觀察對方如何接收、消化和傳遞訊息，以及他們行為背後的動機。

● 保持靈活

根據對話發生的情境，根據得到的回應來靈活調整目
標，並制定合適的行動方案。

我們的合作夥伴「對話千層派」[25] 提供以下五個步驟：

第一步 │ 了解對話對象：我在和「誰」說話？

每個人都有各自獨特的背景與生命故事，因此也有一套自己
的價值觀。了解與你對談的人的類型，將使你更容易找到讓他們
參與對話的最合適方式。

從「個人背景」著手：

他們是什麼樣的人？他們的個性又是如何？他們懷抱著什麼
樣的核心價值觀？他們的政治立場是什麼？他們的社交環境與工
作環境又是什麼樣？他們傾向於與朋友和同齡人談論什麼？

再來思考彼此的「關係」：

一般來說見面時的氣氛如何？你們多久一次見面聊天？這個
人對你有多重要？

最後，觀察面對「資訊」的態度與行為：

這個人是否傾向主動獲取資訊,例如透過線上搜尋他們感興趣的主題,還是說被動的獲取資訊,例如:透過收看電視新聞?當他們收到新的資訊時,他們會在多大程度上接受這些訊息?如果訊息內容是可疑的,他們會提及這些擔憂還是嘗試去驗證它們?

第二步│判斷語境:這段對話是發生在什麼情境中?

社群媒體社團中的對話與公司晚宴期間的對話不同。以下是一個關於在不同語境及場合裡,尋求維持對話的優缺點的簡單說明:

(1) 線上平台(通訊軟體、社群網站、媒體網站、論壇、新聞網)
常用媒介:文字、影像、音訊、影片。
優點:串流會被記錄下來,也方便回去複習或延續討論;資訊被記錄下來,有更多的時間來進行回應。
缺點:很多人參與在談話之中,這使得注意力容易發散、跑題或阻礙人們說出自己的想法。

(2) 實體情景(一對一對話、私人聚會、工作場合、公共區域)
常用媒介:口語表達、肢體語言、臉部表情、隨附的網路媒體。

優點：能即時地回覆對方；可以透過語氣和臉部表情來
　　　觀察彼此的情緒和想法。

缺點：取決於對話發生地點與場合，有著不同的權力關
　　　係與來自人際關係的壓力影響；團體裡的人越
　　　多，進行深入交談就越困難，也難以即時核實訊
　　　息內容。

此外，我們可以思考兩個問題：

（一）在這些情境裡，我覺得哪一個能讓我最沒有壓力的表
　　　達自己的想法？

（二）反過來思考，我想進行對話的對象在哪種情境會感到
　　　更舒適？

有時，一段對話難以開始時，是因為雙方對於溝通管道、方
式或情況感到不自在。好比說，有些人事實上更喜歡透過文字來
交流他們的想法，而不是透過一對一的實體交流，反之亦然。

第三步｜衡量資訊內容：這些資訊會造成什麼影響？
　　　　　　　　　　需要回應嗎？怎麼回應？

（1）自我檢視

A. 我是否對該領域有足夠的了解，能夠指出錯誤？

B. 這些訊息／惡意不實訊息背後的價值觀對我來說有多重要？

(2) 資料檢視

A. 這些訊息／惡意不實訊息會產生什麼影響？它可能是致命的嗎？或是會導致另一個嚴重後果，還是說它本質上是無害的？

B. 我能搞清楚他人傳播這些訊息／惡意不實訊息的目的嗎？（他們是為了操縱他人，還是一個誤傳，又或者是出於分享或社交的渴望？）

第四步│思考對話目標：我想要達成什麼結果？

整體來說，可以優先思考三樣關鍵事項：

(1) 指出錯誤

A. 讓他人知道他們的資訊內容有缺陷。

B. 勸阻此人繼續傳播錯誤資訊。

C. 傳授此人訊息核實的內功心法。

(2) 延續對話

A. 同意下次對話的機會。

(3) 維護關係

A. 保持良好的互動，但不強求下次的會面。

B. 當對方來勢洶洶時，保持淡定和從容。

第五步｜思考應對方式：我可以怎麼回應？
　　　　　　　　　　該怎麼延續對話？

　　隨著對話發生的場合、氛圍和互動性質的變化，我們可能需要靈活的調整我們的應對方式，甚至可能改變對話的目標。

　　在對話發生前，我們可以多多累積「信用存款」。試著想想，坐在對面的同事Ａ經常幫助你完成老闆交付的工作； 另一方面，同事 Ｂ 總是忙於自己的工作，很少與你談論工作或跟你聊生活中發生的事情。如果兩個同事同時拜託你抽出一些時間來幫助他們完成重大的專案，在時間有限的情況下，你會選擇幫助哪一個？

　　套用類似的邏輯，以想跟家中長輩交流的青年角度為例。當身為年輕人的你，已經離家工作好幾年，每年只在過年期間回家一次。而你家中的長輩時不時會跟他們的鄰居、當地的村里長等人互動，跟他們聊天的頻率遠比你多更多。若有一天，當你和住在老家附近的人，在某個議題上發生嚴重立場的分歧時，你認為長輩會優先相信誰的話？

　　金融意義上所稱的信用等級是指，當你希望銀行借錢給你時，銀行必須對於你的還款能力擁有足夠信任。因此假如你可以透過長時間來證明，你有能力償還債務並且有能力持續增加你的儲蓄，

這樣情況下你所累積的信用就越多。

當「信用」被套用在人際關係時也是如此。人與人之間的信用存款不可能在一夜之間就建立起來，而是必須透過長時間的積累。雙方的「信用」越多，雙方越願意基於過去的言行相互信任，就越容易以冷靜和理性的方式來進行討論。

當彼此間累積了足夠的信任時，就越能夠在每個人都有足夠安全感的情況下對話，即使在特定事件上抱持不同的意見，也能夠安心自在地對於彼此的論點提出質疑，不會擔心因此就撕破臉。反過來說，當雙方之間的「人脈信用」很少，在表達意見或試圖說服對方時，很容易就會產生衝突，讓對話以不愉快的方式結束。

即使我們時常認為事實、統計數據和邏輯的闡述是對話之中最重要的部分，但與我們交談的人，並不是一台機器，他們是血肉之軀，擁有不同的生命經驗、不同的個性與不同的情緒反應。信任、安全感和情感連結是經常被忽視的，卻是維持有意義對話最重要的關鍵。

累積「人脈信用」存款的方法：
　● 展現對他人生活的興趣
　　　例如詢問對方的健康狀況、吃飽沒，或是關心他們最近

在做什麼。

● 主動提供協助

　　例如手機 3C 的操作教學，提供生活疑難雜症的建議，或替他們計畫一天的行程。

● 聊聊對方喜歡或關心的事情

　　例如他們最近看過的電影或他們喜歡的休閒活動。

　　當我們越願意接近某人的社交環境並接受他們關心的事情，就越容易建立和鞏固情感連結。這將有助於累積厚實的信用存款，作為未來討論公共事務的基礎與橋樑。

　　除此之外，台灣有許多事實查核組織，平時可以訂閱追蹤相關資訊，當我們看到經過事實查核組織確認訊息為假的查核文章時，可以隨手多分享給身邊的親友。

　　相較於政治類的主題容易擦槍走火，或許可以嘗試先以長輩關心的健康或民生議題著手，透過分享一些錯誤的養生資訊，累積自己在長輩面前的信任存款，未來當遇到政治宣傳文章時，長輩們也許能夠比較願意接受你的善意提醒，不會固執如鐵板一塊。

最後「對話千層派」也提供幾個溝通上常見的地雷與建議心法。

一、貼標籤

造成困境——對話破裂，雙方論點跳躍太快，無法用琳琅滿目的術語來鎖定對方或他們的觀點。

心態調整——認真傾聽，不要急著拒絕你不同意的事情，試著理解對方形成立場或價值觀的原因，以及是什麼讓他們與主流的敘述不同。

練習方式——透過觀察或聊天，嘗試理解對方的經歷。設想自己身處於他們的處境，並嘗試從他們的角度看待事情。

二、情緒化

造成困境——對話變得非常激烈，因為情緒已經占據了對話的空間，雙方都發現很難就事論事。

心態調整——當你有機會冷靜下來後，花一些時間回顧和反思剛剛發生的事情，並思考一下那些情感語言背後的核心想法。

練習方式——深吸一口氣，抽出一些時間。當雙方都冷靜下來後，互相談談彼此的感受。詢問對方的真實感受，找出彼此真正想表達的話。

三、爭輸贏

造成困境——對方不想要繼續對話，因為說話的人只想著全
　　　　　　神貫注贏得爭論並擊潰對方使其屈服。

心態調整——成功對話的關鍵不是說服對方承認你是對的、
　　　　　　而他們是錯的。花點時間思考一下這種方法是
　　　　　　不是真的有效，以及它是不是時常讓你因為無
　　　　　　法繼續對話而感到沮喪。

練習方式——建立默契，一方發言，一方專心聆聽。從「我
　　　　　　要贏！」的心態，轉變成「對等」的資訊交流。
　　　　　　保持發言的平衡，注意彼此分享資訊多寡、說
　　　　　　話的時間長度。

四、堅持己見

造成困境——一味的堅持自己的想法不是溝通，更無法達到
　　　　　　實質的雙向交流。

心態調整——當你堅信的價值觀和觀點受到挑戰時，不要急
　　　　　　於把這個問題變成一個全有全無的局面，而是
　　　　　　用立體的多重面向去理解和討論。

練習方式——面對具有挑戰性的意見時，不要急著採取攻勢
　　　　　　並反擊。多用開放式問題提問，試著找出彼此
　　　　　　在大方向上的共鳴。給予彼此更新認知、修正
　　　　　　想法的空間。

若你還想了解更多，也可以參考「破譯假訊息新手村」網站 [26]，這個專案是台灣民主實驗室與來自十多個國家和地區的專家及組織合作的成果，每位協力者都採用了不同的方法來應對惡意不實訊息。

25　「對話千層派」是一群來自不同成長背景和領域的公民所組成的團體，希望透過「溫和對話行動」，帶動更多人持之以恆地在日常生活中，交換彼此對公共議題的資訊與想法，進而促進台灣人對公共事務的關注與參與，一起摸索出讓台灣往共好社會前進的解方。
26　「破譯假訊息新手村」網站：https://fight-dis.info/tw/。

這類新聞媒體都不報或一直報，記者是不是都被政府收買了？

事實上，新聞產製流程必須經過編輯台層層把關，很多時候不是光記者一人想要「一直報」或是「都不報」什麼內容，就可以決定我們會「一直看到」或「看不到」特定內容。

網路上常常有人會說：「這個新聞最近一直報，是不是政府想要掩蓋什麼？」這就是很典型的陰謀論敘事手法。另一方面，常常也有傳言說：「為什麼這個新聞都沒有媒體敢報，是不是被政府收買了？」實際上只要一搜尋，很容易就能找到相關報導。

以台灣事實查核中心處理過的不實訊息為例[27]，有一類傳言取材自災難事件或是社會爭議行動，主要媒體皆有報導，但在社群平台的傳言卻大肆宣稱「新聞都沒報導」、「新聞都被封鎖」。這一類不實訊息以煽動情緒修辭，試圖引起人們的好奇心及惻隱之心，進而瓦解讀者對媒體的信任，一步步將民眾帶離主要媒體新聞，為的是把讀者帶入不實訊息傳播者製造的平行時空。

台灣事實查核中心已處理多則「媒體都沒報」類型的不實訊息，光是在 2020 年 10 月，查核中心就處理三則不實訊息。一則是屏東原住民抗議自焚事件，從屏東地方媒體到全國性的廣電和平面媒體皆有相關報導，但社群平台卻流傳「這是現在政府所謂的新聞自由嗎？這樣子重要新聞所有電視新聞台竟然完全不報導！」。

　　另一則是 2020 年 10 月底，空軍台東志航基地發生 F-5E 墜海事故，朱姓飛官不幸殉職，他的家人在媒體前哭訴，希望軍方正視飛安。媒體均完整呈現這段影片，但社群媒體挪用主流媒體的新聞影片，卻宣稱「殉職飛官的媽媽說的這些話，台灣的新聞台沒有一台敢全部全程播出」。

　　還有一則是雙十國慶後，社群平台流傳一則北市某學校雙十國慶遊行的影片，卻宣稱「⋯⋯國慶遊行。po 上網兩小時便被網軍刪掉了。看來台灣新聞已經全面封鎖」，實際上，這是該校的校內活動，校方上傳的影片未受影響。

　　針對「主流媒體都沒報」這類的不實訊息，台灣事實查核中心提供三個破解心法：

心法一、小心別跌進情緒圈套！

此類訊息往往會勾起民眾的惻隱之心，進一步掉入「主流媒體都沒報」的圈套。發現自己閱讀訊息時，會產生焦慮、憤怒、生氣、煩躁等情緒，要先冷靜，看看哪句話打中自己。

心法二、到可信的媒體確認是否有報導

在社群媒體看到流傳的貼文和影像，宣稱「媒體都沒報」時，可以到自己信賴的媒體網站，去查一查媒體是否有此報導，該媒體又是怎麼說。

心法三、運用以圖反搜和搜尋引擎找多元訊息來源

可以使用「以圖反搜」和「搜尋引擎」等工具，尋找其他消息源，多方閱讀與比對資訊。

我們要學習思考的是，國內外媒體這麼多，從傳統主流媒體到自媒體，身處於資訊超載的年代，一件具有報導價值的新聞，是很難輕易地讓媒體全被噤聲。媒體在選擇報導題材與幅度時，除了考量新聞本身的公共性、重要性、特殊性以外，很多時候更會考慮這則新聞是否足以吸引閱聽人點閱。

因此，當我們覺得單一事件的報導程度太高，但很有可能從點閱率來看，那些經常被認為不該報導的內容如名人八卦、政壇桃色糾紛，往往都有著可觀的點閱數字。與其懷疑一則新聞經常報或都不被報導，背後是有政府金錢介入，閱聽人或許可以從付費訂閱優質媒體平台深度內容、拒看腥羶色新聞等行動開始，一同打造更好的媒體環境。

27　本篇內容引用自台灣事實查核中心的查核文章：【謠言風向球】〈明明都有報導 卻說「媒體都沒報」這一類假訊息想做什麼？〉，全文請見：https://tfc- taiwan.org.tw/articles/4747 ，感謝台灣事實查核中心授權使用。

我該怎麼知道對方是不是「中共同路人」？

每個人心中對於「中共同路人」的認定標準絕對都不一樣，因此我們社會需要為這樣的行為找出一個共識。

在民主法治國家，最理想的做法應該是透過法律來制定出一套規範，例如有跟中國黨政軍接觸、有簽訂合約利益輸送等。一旦官方標準建立好之後，只要有符合這些檢定項目者，就能夠以最明快的方式判定對方是否為「中共同路人」。

在缺乏對於「中共同路人」的法律標準情況下，很多時候我們會不小心把意見和自己相左者隨意貼上「中共同路人」的標籤；而真正為了貪圖個人私利，選擇出賣台灣公共利益的中共同路人，又會在法律不夠完備的情況下遊走。

由於目前的《反滲透法》最大問題在於選前才發生作用，實際上來自中國的影響卻是無所不在，如果只在選前才監測，可能

會沒有效果。另外,《反滲透法》以處罰為主,在法律制度上屬於刑事責任,這需要百分百的證據。但統戰相關研究告訴我們,很多時候要有十足證據很難,這也導致很難對中共同路人判刑。

　　台灣人民當然可以和中國社會、商業正常往來,「親中」並不是犯罪行為,但與中國政府、中共、中國控制的企業和媒體之間的接觸,法律上應有機制畫下紅線,以確保不會成為中國統戰的工具。在沒有相關規範或對灰色地帶作戰的理解情況下,台灣政壇亂扣彼此「中共同路人」的帽子,反而會讓社會更加分裂,剛好滿足了中國認知作戰中分化台灣的目的。

　　我們認為,台灣政府要利用中國沒有的法治社會的優勢,讓人民知道中國滲透的手法,理想的情況是採取以行政調查為主,把金流和交往等行為公開,透過揭露、標記來提醒社會大眾。

抖音和小紅書上有許多我喜歡的內容，
但我又不想因此被洗腦怎麼辦？

抖音帶來的危害可以分成三個層次。

第一，抖音是一個有高度資安疑慮的軟體，它會複製使用者的手機密碼、竊取使用者個資，包含手機相簿裡頭的照片、GPS定位等。

第二，抖音最讓人詬病的是，它有可能會把這些竊取來的資料交給中國政府。很多人會說，其他平台如 Facebook 也會取得用戶定位，在你移動時推薦你周邊的餐廳。但相對於其他平台拿這些個資作為商業用途，抖音的問題在於資料如果讓中國掌握，戰爭發生時就會帶來人身安全危險。

美國之所以禁止抖音而沒有禁止 Facebook，關鍵就在於 Facebook 不會把個資賣給俄羅斯，但抖音會把資料交給中國。

第三個層次則是，抖音是一個中國的平台，中國政府可以決定要把什麼內容送到用戶眼前、阻擋哪些內容不讓用戶看到。這種情況就像是中國在台灣成立一個電視台，播報的內容絕對都不會對中國不利。在台灣的法律上，這是絕對不被允許的事情。但台灣有 500 萬人在使用抖音，本質上與中國在台灣成立電視台無異，更何況短影音的內容更容易洗腦。

　　美國參議院批准了一項法案，除非抖音的中國所有者字節跳動公司（ByteDance）出售 TikTok，否則該平台將被禁止在美國使用。目的正是希望 TikTok 與中國企業脫鉤，讓中國政府無法利用中國內部的政治與法律手段，影響美國和其他國家的輿論環境。

　　試著想像，如果俄羅斯有個類似 Facebook 的平台，烏克蘭人會想要在上面註冊，暴露自己的定位、喜好、生活習慣嗎？我們所期待的言論自由，是我們可以自由地討論公共政策，不受到平台惡意干擾。當一個平台上有許多收錢辦事的假帳號，或是政治人物因為張貼了不利於中國的訊息而導致整個帳號被封殺下架，這是我們所期待的言論自由嗎？

　　無論是使用哪一個社群平台，我們必須牢記在心的最重要觀念是：**演算法是可以被人為操作的，社群媒體不是靠著自然叢林法則運作。**演算法更不是只有一套規則，可以被人為地控制、隨

時更新遊戲規則、決定要不要下架你的內容、要不要給你更多流量、要不要調降一篇文章的觸及率。

在古希臘時期，全民大會辯論時，誰可以上台發言、發言時間多少、台上有人發言時誰可以說話不能說話，是由眾人一起討論決定的。但在社群平台興盛年代，這些規則卻是由境外的平台擁有者來決定。

對於抖音和小紅書而言，當平台擁有者還是明顯具有想要侵略台灣意圖的中國時，我們更需要建立敵我意識。在享受這些平台帶來好處的同時，也要提醒自己，中國社群平台受到政府言論控制，是中國重點管制產業，中國共產黨黨支部會派人進駐到公司，需要配合網路警察進行言論審查，可以輕易的禁止某些敏感關鍵字的內容被推送到用戶的眼前。

無論我們在任何平台上，都要隨時提醒自己，如果這個平台總是推薦給你單一方面的說法，讓我們越來越常覺得：這個政黨好糟糕。如果我們太常看到單一說法，就應該要跳出去，透過其他管道去聽看看對立方的說法，再來做出自己的價值判斷。

這樣的做法不單適用於社群平台，我們在收看新聞頻道或在網路商城消費時也同樣適用。假如特定媒體總是報導偏向特定立場的

政治人物，或許我們可以嘗試收看不同媒體，建立自己獨立思考能力。如果我們在選購商品時，在賣場上看到的評價都是一面倒，沒有任何負評，或許也可以找找其他評比平台上，有無更貼近真實的使用者體驗。

除此之外，當我們在使用這類平台時，也可以思考，當問題發生時，平台是否有讓使用者申訴救濟的機制？是否共享同樣對言論自由的價值？抖音和小紅書身為娛樂平台，背後成立目的涉及文化統戰，又有越來越多政治社會議題在上面傳播，吸引越來越多年輕的台灣人使用。

雖然我們並不主張直接立法禁止抖音和小紅書，因為即使禁止，過幾年中國很快地又會推出新的社群平台來吸引年輕用戶。但我們仍必須不厭其煩地提醒，台灣人目前普遍仍缺乏敵我意識，大量的使用抖音和小紅書，很有可能在不自覺的情況下被洗腦，認為中國沒有這麼可怕。

對抗來勢洶洶的認知作戰，我們的政府和政治人物可以做哪些事？

台灣民主實驗室認為[28]，在防禦認知作戰上，政府可以做的事情包含：

立法方面

（1）跨國平台公司落地

針對境外粉專以及有協同行為的可疑帳號，需要平台方提出更具體的管理措施與更多的資訊揭露。立法機構可以參考歐盟制定數位服務法（Digital Services Act, DSA），透過制定類似的法律，要求跨國平台公司在台設立實體辦公室或代表機構，以提高其在當地的責任和透明度。這樣的舉措可以使政府更有效地監管這些平台公司的行為，並加強對其在境外資訊操作活動中的管理。

（2）揭露金流

立法機構應制定法案，例如推動境外勢力影響透明法、強化政治獻金法等，要求與政治和公共政策有關的訊息應公開其金流來源，以追蹤和揭露境外資訊操作背後的支持來源，讓執法者與公眾得以在選前辨識誰是協助中國散播假訊息的協力者。

（3）限制利用資訊操作來盈利的行為

在部分協同操作的案例中，我們能看到在地公關公司提供腳本，給小型的網紅或商業帳號來宣傳特定的不實訊息、操作輿論。無論是否來自境外，網軍、賣粉絲數、假讚、假帳號等都是在我們的資訊環境中增加更多不真實的元素，從中牟利不該被視為一項正當的生意，立法者應透過立法加強對資訊操作的營利行為監管、調查和制裁能力，透過增加稅務與透明度的方式，抑制相關商業行為。

（4）立法設置專責機關

認知作戰也是一種灰色地帶衝突，針對境外敵對勢力在軍事、外交、資訊戰等的「進攻」，我們應有可以做分析、策略制定跟執行反制措施的單位，例如混合戰卓越中心（Center of Excellence）等單位，並有配套的母法來授權特定期間的民主防衛機制。

行政方面

（1）定期公開不實訊息與資訊操作調查報告

政府可以透過設立智庫形式的戰略單位，平時定期公開發表針對資訊操作案例與手法的報告，讓民眾對於假新聞與資訊操作等議題有更深入且持續性的理解。

（2）跨部會常態性的不實訊息回應機制

針對與政府及社會公共權益相關的不實訊息，建議行政院增加協調人力，針對現有機制進行更多強化措施，來橫向整合跨部會相關的回應與事實釐清。透過類似「中央流行疫情指揮中心嚴重特殊傳染性肺炎記者會」的方式，常態性且固定的於民眾容易獲取資訊的管道中進行。

此外，當有關緊急國安相關不實資訊流竄時，在第三方查核組織查核訊息為假後，行政單位可以參考國家災害防救科技中心針對現有地震等天災的形式，立即性的針對假訊息內容澄清，以阻斷訊息進一步傳播與發酵。

（3）訊息澄清前與民間單位的更多合作

假訊息攻擊的對象常是政府或執政黨，但各部門若只是宣示「再傳謠言就觸法」，並不能真正跟民眾對話。民眾可能因資訊

不充分，恐被假訊息點燃焦慮、質疑，甚至激發對立、憤怒的情緒。

政府要做的不是把質疑的民眾抓起來，相反地，政府的職責是提供充分、透明且公開的訊息，供給媒體、公民團體、民間查核組織和民眾，作為公共討論的事實基礎，也讓大家可以理性決策。也因此，一個社會有資訊韌性才能增進民主韌性。

(4) 組成有效客觀的議題應對 SOP
除了與公民團體及事實查核組織合作，共同提供充分資訊，也可以透過短影音等形式將抽象的議題進行言簡意賅的圖像化、列點式呈現於社群平台，或是與新聞媒體合作破除不實訊息。

這樣的方式一方面可以讓民眾中持意見不同者有個基本的對話參考基礎，避免持不同意見的民眾在對談時流於情緒性的對話。此外，由於我們在本次研究中發現，不同政治傾向的受訪者在訊息判斷的標準上有著非常不同的傾向。因此，在使用公開媒介進行解釋時，應避免使用可能進一步激化對立的語言，及避免使用短影片或聲明文等形式，這樣的措施有助於緩解潛在的社會對立。

(5) 拒絕與從事資訊操作的公關公司合作
除此之外，行政單位須明確規範預算的使用方面，不得將標案委託於有從事協同性造假行為的廣告公關公司，以藉此阻隔、

降低透過資訊操作獲得利益的行為。

政黨方面

（1）公關資源上需落實黨、政切割

政黨方面，需要避免在有關議題宣傳及公共關係經營的人力資源上與公家政府的資源重疊。例如政黨內部聘請的小編，應不得掛在同政黨行政單位內的人員編制之中，這會導致行政不中立的潛在挑戰，也可能導致黨政不分的窘境。

（2）避免情緒性對話

各政黨在處理與自身相關或意圖推動的議題所牽涉的不實訊息時，應致力於以客觀且理性的方式來釐清事實並做出公開回應。避免使用帶有情緒色彩的字眼來對話是關鍵，這不僅有助於減少政黨間的對立和衝突，還能降低資訊操作帶來的社會對立風險。

28　更完整的討論，可以參考台灣民主實驗室，〈2022 台灣地方選舉：政治極化與資訊操作的新挑戰〉（https://medium.com/doublethinklab-tw/2022- 台灣地方選舉 - 政治極化與資訊操作的新挑戰 -689ed7602a21 ）。

53

面對惡意不實資訊撕裂民主，
台灣公民社會可以怎麼做？

(1) 組成跨議題跨地區資訊監測社群

因應現今惡意不實訊息活動與資訊操作行為越發在地化的狀況，公民團體間可以組成跨議題、跨地區的資訊監測社群，或參與台灣民主實驗室現有的「境外影響選舉觀測平台」社群，以強化現有人力資源，共同針對那些試圖影響選民投票行為、投票決策等方面的資訊操作行為實施觀測，並合作編寫分析報告。

在遵守平台觀測原則的前提下，不同的公民團體針對與台灣選舉、政治及社會議題相關的內容進行觀測、共享資料與分析工具及技術。同時也提供台灣民眾主動回報的機制，並針對境外資訊操作程度與影響效度較高的案例提出初步的分析報告與後續追蹤。

例如台灣民主實驗室在 2024 年初總統選舉時，與國內事實查核組織、研究單位與公民社會團體等合作，以「境外影響選舉

觀測平台 Foreign Interference Monitoring Hub」計畫整合民間資源與分析能量，共同投入境外影響選舉的資訊觀測，並在選後發布〈2024 台灣選舉——越趨極化的台灣政治：陰謀論敘事與認知偏見的建構〉報告 [29]。

（2）舉辦實體活動，促進不同意見者間的溝通

台灣許多意見不同者之間的衝突時常發生在網路上，地方性與議題性公民團體可針對從選舉準備期（如選前 6 個月），便廣泛被大眾討論的訊息與議題，規畫實體的討論活動，例如針對雞蛋供需議題，規畫「雞蛋如何從產地到餐桌」、「政府該如何確保雞蛋供需正常」等議題舉辦講座暨討論會。

透過鼓勵全民與不同意見者展開對話的行動，來推動更多人培養與他人平和、理性、尊重的討論政治及民生議題的開放性。讓不同想法的人有機會相互理解、促進不同意見群體間的實質交流。

（3）推廣有效的網路溝通方式

除了實體活動的溝通之外，許多公民團體在進行議題倡議的過程中，在網路社群平台粉專下方的留言也常呈現激烈且偏激的互動。公民團體可組織跨議題團體的協作與討論平台，並共同探索、推廣與不同意見者在網路的有效交流形式，以在達成議題倡

議目標的同時，凝聚社會內部的共識。

（4）要求候選人政治廣告的透明化

我們可以針對台灣選舉期間，候選人須主動針對自己選舉期間的廣告投放內容、形式及合作公關公司等內容的公開透明化進行呼籲、倡議甚至推動立法。這將有助於台灣民眾更好地理解自己在接收選舉相關資訊的脈絡，並作為選舉相關判斷的參考之一。

（5）倡議候選人不該與從事協同性造假行為的公關公司合作

為根除協同性造假行為在台灣社會輿論的影響，除了行政單位不得與從事協同性造假的公司合作外，公民團體也可針對選舉參選人方面進行倡議與呼籲。要求候選人不得透過有從事協同性造假行為的廣告公關公司進行選舉期間的宣傳活動。

29 〈2024 台灣選舉——越趨極化的台灣政治：陰謀論敘事與認知偏見的建構〉（https://medium.com/doublethinklab-tw/2024-台灣選舉-越趨極化的台灣政治-陰謀論敘事與認知偏見的建構-ac2f1ae5183d）。

54

新聞媒體經常被認為是
助長錯假資訊的溫床之一，
該如何發揮第四權？

（1）成立數位調查部門，查核擬引用的網路社群內容

新聞媒體應善盡守門人的角色，為社會大眾把關傳遞正確消息、展現新聞自律與專業，避免直接透過類似「某網友說了什麼」的方式來進行新聞報導。

媒體引用社群平台內容的資訊已為常態，應在組織養成數位調查專業，甚至成立數位調查部門的編制，可以針對要引用的社群平台內容進行查證。此外，數位調查團隊也可以針對引爆社會爭議、操弄不同族群間對立的網路議題進行調查，揭露資訊操弄事件。

（2）報導需要反應真實世界樣態，而非放大極少數極化案例

在政治與公共事務的討論中，網路上常有人發表極端意見，例如某些偏激的側翼粉專。

然而，當主流媒體大量報導這些少數的極端觀點時，不僅有助於擴散這些訊息，還可能無意中形塑了一種錯覺：這些極端觀點代表了相當一部分的民意。這種情況導致了極化現象的過度放大，不利於新聞受眾獲得對真實世界的全面了解，同時也加劇了現有的族群對立和互不信任的氛圍。

55

社群平台可以怎麼做，
遏止更多協同性造假行為？

（1）開放公開資料，以供研究單位後續分析

在這個虛假訊息大量傳播的時代，各家社群平台應發揮企業社會責任，協助相關研究者，例如提供在時間與維度上更完整的資料，尤其是被平台下架的內容。同時，社群平台也公開透明虛假帳號被下架的原因，讓更多用戶能夠意識到社群平台上協同性造假行為的嚴重性。

近年來，各個社群平台的公開資料取得越來越不容易，如美國科技巨頭馬斯克在買下 Twitter 後，先是宣布關閉 API（Application Programming Interface，應用程式介面），後來又推出收費方案，對於需要進行大規模調查的公民團體將帶來巨大的經濟負擔。

臉書母公司 Meta 則預計將於 2024 年 8 月 14 日後停用闢謠利器 CrowdTangle，並開發新的「內容資料庫（Content

Library）」來取代。但研究機構包含倫敦智庫戰略對話研究所（Institute for Strategic Dialogue）、全球非營利組織謀智基金會（Mozilla Foundation）憂心，此舉將使社群媒體平台透明度嚴重倒退。而來自中國的抖音與 TikTok，公開資料更是難以取得，長久以來讓研究者頭痛。

由於各個平台的資料開放程度不同，造成了追蹤與研究認知作戰的困難。整體而言，社群平台需更積極主動的針對資料在研究用途上進行公開。除此之外，境外平台應該要能夠在台灣落地，以符合當地法律的規範。

（2）開放短影音內容的 API

各家網路社群平台相繼推出自己的短影音服務，然而舉凡像是 Meta Watch、Instagram Reels 或是 YouTube Shorts 等，現階段都尚未公開 API 應用程式介面，相關研究人員與機構因此沒有足夠的工具來針對這些短影音內容進行調查。建議社群網站平台開放短影音的 API，以供研究人員針對這種傳播力極強的資訊承載媒介進行更多的研究，並擬定相應的資訊操作對抗策略。

56

隨著生成式 AI 技術日益普及，認知作戰在未來會不會越來越常發生？

生成式 AI 技術在近年來迅速成長，對於認知作戰攻擊方而言，藉由生成式 AI 來產生同樣意義但不完全相同文字、圖片及影片內容，隨機排定發文、留言或分享時間，確實可以大幅降低製造錯假訊息的時間及人力成本，並讓不實帳號的協同行為變得越來越難偵測，從而難以斷定不實帳號們同屬於一個有規模的操作集團。

除此之外，在生成式 AI 技術的輔助之下，我們得以預測，未來不實帳號的散播及互動行為，跟真實民眾的自由言論及互動，將會越來越難彼此區分開來，換句話說，想要打造出一個類似真實世界中的意見領袖，門檻將會越來越低，虛實之間也會越來越難以辨別。類似的情況已經開始在台灣 2024 年總統大選觀察下的貼文留言中發現。

一旦演算法的運作機制沒有改變，攻擊者將會比現在更輕鬆

地利用各個平台的特性，更有效率地將資訊散播到更多的網路討論空間當中。因此我們可以想像，未來事實查核與發布澄清訊息的速度，恐越來越難以追上謠言。

　　由於協同性造假行為追查只會變得比過往更加不易，我們必須仰賴人力與科技攜手，才能夠遏止協同性造假行為，下架散播錯假訊息的帳號。未來我們也期待能夠有更多偵破協同性造假行為的 AI 工具問世，在不違反言論自由的情況下，各國政府、執法單位、資安專家能與社群平台攜手合作，一起加入打假的行列。

結語

透過《打台灣不如騙台灣》這本書，台灣民主實驗室希望與台灣社會大眾對話，讓更多人認識到來自對岸的認知戰早已悄然開打。在日常生活中，我們所接收到的資訊，可能已經被刻意操弄。社群平台上的演算法推波助瀾，使我們重複接收到特定角度的敘事，強化既有立場。真假難辨的謠言，其目的是撕裂台灣社會，使我們對政府產生懷疑，對政治立場不同者充滿怨恨。

隨著中國影響力在全球不斷擴張，台灣作為中國資訊戰的主要實驗場，也成為各國研究的對象。然而，國內仍有許多人對認知作戰抱持著不全然正確的見解，甚至拒絕相信網路上充斥著來自境外的資訊操弄痕跡。

在書中，我們揭露了中國資訊操作的常見手法，透過關西機場事件、COVID-19 疫情、台積電、烏俄戰爭等實際案例，帶領大家重回戰場，認識中國如何利用大量虛假帳號，配合在地「代理人」在網路與地面帶風向，激起民眾的負面情緒。

這本書的目的是引導讀者深入了解中國的認知作戰手法，並思考應對這一挑戰的策略。台灣面臨的挑戰固然複雜，但也具備獨特的優勢。透過提高媒體素養、推動事實查核、增強社會對資訊操弄的警覺性，我們可以有效抵禦外部的資訊戰攻擊。

　　我們相信，唯有透過敵我意識的建立，媒體釋讀的強化，以及洞悉中國認知作戰的手法和目的，台灣社會在面對戰爭巨大威脅時，可以避免落入被敵人分化的陷阱、擁抱不實的陰謀論，否則在實體戰爭開打前，我們已先舉白旗投降，讓敵人不需耗費一兵一卒就拿下台灣。

　　在全球化和數位化的背景下，資訊戰不僅是國與國之間的較量，更是每個個體面臨的挑戰。我們每個人都是這場無形戰爭的參與者和受害者，但同時也可以成為抵禦這場戰爭的戰士。透過教育和訊息透明化，我們可以增強自我防衛的能力，並建立一個更加穩健和抵抗力強的社會。

　　畢竟，在民主國家裡，我們每個人手中都握有寶貴的一票，我們應設法讓政治立場不同的人有安全、良好和有建設性的辯論空間，而非互相指控和仇恨的環境；我們才能在多元的意見中找到共識，而不是受錯假訊息影響不自覺、也拒絕與政治立場不同的親友溝通。

最後，我們呼籲每一位讀者，不僅要關注中國的認知作戰，還要提高自身的資訊辨別能力，積極參與保護民主和自由的行動。只有當我們每個人都成為資訊戰中的明辨是非者，我們才能共同捍衛台灣的民主與未來。

　　在對抗認知作戰的路上，我們期盼，台灣社會的每一位公民都不缺席。

致謝

　　衷心感謝所有參與這本書編寫與協調的同事、全體員工、理監事、會員、Mhub 合作夥伴、顧問專家與實習生，以及過往任職過台灣民主實驗室的研究人員。你們的努力和貢獻使這本書成為可能，並讓我們在對抗中國資訊操作的戰爭中更具力量。本書也引用了本會過往的研究成果，特別感謝對話千層派、匹茲堡大學的林育如教授與鍾文婷獨立研究員過去的合作貢獻。最後，需要感謝大塊文化的熱情邀約與信任，為這本書的誕生付出極大心力。希望這本書能成為台灣社會理解和應對認知作戰的寶貴資源，也希望台灣能夠在真相的基礎上更加團結和強大。

國家圖書館出版品預行編目 (CIP) 資料

打台灣不如騙台灣：中國對台灣認知作戰的 Q&A / 沈伯洋，吳銘
軒，台灣民主實驗室著 . -- 初版 . -- 臺北市：大塊文化出版股份有
限公司 , 2024.07
面；　公分 . -- (from ; 153)

ISBN 978-626-7483-21-3(平裝)

1.CST: 兩岸關係 2.CST: 網路戰 3.CST: 資訊傳遞 4.CST: 問題集

573.09　　　　　　　　　　　　　　　　　　113008341

LOCUS

LOCUS

LOCUS

LOCUS